재정경제부
조직문화 혁신
프로젝트

The **MOFE** Way

나남
nanam

나남신서 · 1261

재정경제부 조직문화 혁신 프로젝트
The MOFE WAY

2007년 12월 10일 발행
2007년 12월 10일 1쇄

공동기획 … 재정경제부 · 왓슨와이어트
발행자 … 趙相浩
발행처 … (주) 나남출판
주소 … 413-756 경기도 파주시 교하읍
출판도시 518-4
전화 … (031) 955-4600 (代), FAX : (031) 955-4555
등록 … 제 1-71호(79.5.12)
홈페이지 … http://www.nanam.net
전자우편 … post@nanam.net

ISBN 978-89-300-8261-7
ISBN 978-89-300-8001-9 (세트)

책값은 뒤표지에 있습니다.

재정경제부
조직문화 혁신
프로젝트

The **MOFE** Way

재정경제부 · 왓슨와이어트 공동기획

나남
nanam

2007년 5월 말 재경부 혁신워크숍에서 "재경부다운 재경부를 위한 혁신의 길"(*Building the MOFE Way*)을 모색하기 시작한 이후 지난 7개월간의 산고(產苦)를 거쳐 드디어 재경부의 새로운 조직문화 "The MOFE Way"가 완성되었습니다.

MOFE Way는 외부의 정책고객과 국민들이 경제정책의 총괄부처인 재경부에 대하여 가지고 있는 기대와 바람에 대한 답변으로서, 재경부가 추구하여야 할 3대 핵심가치와 이를 구현하기 위한 실천 프로그램들을 담고 있습니다.

재경부가 궁극적으로 지향해야 할 3대 핵심가치 가운데 최우선으로 '고객을 위한 열정'(*Passion for Customer*)을 채택한 것은 정책고객과 자유롭게 소통하고 투명한 절차를 거쳐 고품질의 정책을 만들겠다는 국민들과의 약속이 가장 중요하기 때문입니다.

돌이켜 보면, 외환위기 직후 1998년에 재정경제원이 재정경제부로 재편되는 등 어려운 상황 속에서도 지난 10년간 재경부는 경제정책의 사령탑으로서 꾸준히 국민들에게 보다 나은 정책을 제시하기 위해 열과 성을 다했다고 생각합니다. 하지만, 국민들의 시각에서는 경제정책 수립과정에서의 투명성과 책임성에 대해 적지 않은 비판을 받아 온 것도 사실입니다. 이번에 MOFE Way의 정립을 계기로 재경부가 국민들의 다양한 요구에 부응하는 것을 최우선의 소명으로 삼는다는 명확한 메시지를 다시 한 번 정책고객과 국민들께 전달할 수 있기를 바랍니다.

두 번째 핵심가치인 '역량강화'(*Excellence*) 역시 재경부가 추구하여야 할 소중한 가치입니다. 글로벌 경쟁시대를 맞아 대내외 여건이 빠르게 변화하고 정책경쟁 역시 더욱 치열해짐에 따라 준비된 재경부가 되기 위하여 역량을 강화하는 프로그램들을 다양하게 마련하였습니다.

예컨대, IMF식 인사평가제도의 도입은 능력과 성과 중심의 평가문화를 확고하게 정착시키는 선구적 의미를 가지고 있다고 봅니다. 또한, 재경부 직원들의 외국어 능력과 정책입안 역량을 한 단계 끌어올리기 위하여 어학능력 검증, 전문분야 교육확대, 보고서 표준화 등 다양한 프로그램이 2008년부터 시행될 것입니다.

세 번째 가치인 '신뢰와 인간존중'(*Trust*)은 재경부가 가장 우수하고 경쟁력 있는 조직으로 거듭나기 위하여 재경부 모든 가족이 함께 공유하고 이해하여야 할 따뜻한 가치입니다.

'신뢰와 인간존중'이 중요한 것은 개인의 역량개발이 조직의 역량확대로 확대 재생산되기 위하여 재경부가 '즐거운 일터', '소통이 원활한 일터', '재충전의 기회를 보장하는 일터'가 되어야 하기 때문입니다. 재경부에 '일과 삶의 조화'(*Work and Life Balance*)를 이룰 수 있는 분위기를 확산시켜 나가기 위해 부총리를 비롯한 간부진들이 강력한 의지를 가지고 지원하고 솔선수범해 나가겠습니다.

아무쪼록 재경부의 조직문화 MOFE Way가 정부부문의 변화를 선도하는 한편, 세계적으로도 정부 조직문화의 모범사례(*Best Practice*)가 될 수 있기를 기대합니다.

2007년 12월
부총리 겸 재정경제부 장관
권 오 규

재정경제부, 조직문화를 논하다

그 중요성을 새삼 거론할 필요도 없이, 재경부는 대한민국 경제정책을 총괄하는 부처로서 대한민국 정부의 핵심조직이다. 그런데, 우리는 왜 이 시점에서 재경부의 조직문화를 거론하게 된 것일까? 조직문화의 정립이 재경부에 어떤 의미를 갖는 것일까?

오늘날 정부와 민간을 불문하고 대부분의 조직들은 자신을 둘러싼 환경과의 끊임없는 상호작용 속에서 지속가능성을 고민하고 있다. 우리가 당면하는 환경변화는 그 어느 때보다 다양한 분야와 지리적 경계를 넘나들며 개별조직에 영향을 미치고 있다. 이러한 상황에 맞서 조직들은 생존과 성장을 위해 환경의 변화에 적응할 것을 요구받고 있으며, 자신들 나름의 전략을 세워가며 목표달성을 위한 독자적 방법론들을 만들어가고 있다. 그러나 지속가능한 성장이라는 목표를 달성하기 위해서는 기술적 방법론을 고려하기에 앞서 해당조직의 정체성을 분명히 하고 조직 각 부문의 개인들이 자신의 역량을 초월적으로 발휘할 수 있도록 하기 위한 핵심가치의 정립과 같은 인식론적 변화가 필요하다.

그렇다면, 경제정책을 선도하는 중앙정부기관으로서 안팎으로 많은 소통과 높은 전문성을 바탕으로 정책을 창출해야 하는 재경부의 정체성은 어떤 모습이어야 할 것인가? 그리고 어려운 등용문을 거쳐 관료가 된 후에도 무한경쟁을 해야 하는 구성원들은 개개인의 가치를 충분히 발휘하기 위해서 어떠한 가치를 추구해야 할 것인가?

우리는 급변하는 환경 속에서 재경부의 정체성을 명확히 하고, 관료 개개인이 자신의 역량을 발휘하도록 개인의 행태에 영향을 주는 주요한 매개를 조직문화라 규정하고 이 책을 통해 재경부의 조직문화를 어떻게 정립할 것인가를 모색하려 한다. 이를 위해, 재경부의 과거, 현재의 역사와 과업특성을 살펴보는 데서 시작해 글로벌 우수사례와 이론들을 고찰하고 재경부가 미래의 중임을 다하기 위해 필요하다고 생각되는 가치들을 MOFE Way란 이름으로 논할 것이다.

글의 흐름은 크게 3부로 구성된다.

제1부는 지난 50년간 재경부 도전의 역사를 살펴봄으로써 향후 재경부가 글로벌 환경 속에서 국민에게 친숙한 정책자로 거듭나기 위해 어떠한 조직문화를 정립해야 할 것인지에 대해 살펴본다. 더불어 조직문화 관련 다양한 이론 및 선진사례를 통해 재경부가 정립할 조직문화의 형식과 내용에 대한 보다 구체적 실마리를 얻게 될 것이다.

제2부는 구체적으로 MOFE Way란 이름 하에 재경부의 모든 구성원들이 유지, 발전시켜 가야 할 구체적 가치와 실행 프로그램들을 기술할 것이다. MOFE Way의 핵심은 열린 조직문화(*Openness*)를 구축하는 것이며 실현을 위한 핵심가치로 고객을 위한 열정(*Passion for Customer*), 역량강화(*Excellence*), 신뢰와 인간존중(*Trust*) 세 가지를 선정하고, 각각의 핵심가치를 구현하기 위한 다양한 프로그램을 검토하였다.

마지막으로 제3부에서는 이렇게 정립된 MOFE Way를 어떻게 관리하고 향후 더욱 발전시켜 갈 것인가를 설명한다. 행정부의 핵심기관으로서 재경부는 정책수립에서뿐만 아니라 조직문화에서도 대표적인 성공사례를 만듦으로써 정부 전체의 경쟁력을 높일 수 있는 기폭제가 되어야 함을 언급한다.

조직문화의 실체와 기능적 유용성에 대한 반론이 존재할 수 있으나, 많은 우수기업의 사례를 볼 때 조직 내 구성원이 공유하고 공감하는 가치가 있다는 것은 본인들이 수행하는 업무에 대한 소중함을 일깨우고 소속 조직에 대한 자긍심을 높이는 데 기여하는 바가 크다는 것을 알 수 있었다. 재경부 또한 출범 10년에 즈음하여, 지난 10년을 반추해보고 특히 참여정부 이후 추진했던 조직관리나 정책형성과 관련된 제도개선 사항을 종합하여 재경부 고유의 생산적 조직문화를 정립한다는 데 이번 출간의 의의가 있다 하겠다. 이에 비록 그 연구의 깊이와 내용의 풍성함이 석학들의 지난 연구에 턱없이 못 미친다 하나, 이 책을 통해 많은 정책고객들이 재경부를 이해하고 더욱 발전적인 재경부를 만드는 계기를 마련해 줄 수 있다면 그것으로 이 책의 소임은 다했다고 본다.

나남신서 · 1261

재정경제부
조직문화 혁신
프로젝트

The MOFE Way

· 발간사_ 5
· 프롤로그: 재정경제부, 조직문화를 논하다_ 9

제1부 재정경제부와 조직문화

제 1 장 재정경제부의 어제와 오늘 그리고 미래 · · · · 19

:: 재정경제부의 도전과 성공 19
:: 급변하는 과업환경 27
:: 향후 재정경제부의 역할: 재정경제부의 비전 38

제 2 장 조직문화에 대한 이론적 고찰 · · · · · · · · · · 41

:: 조직문화의 개념 및 정의 42
:: 조직문화의 특징 45
:: 조직문화의 역할 46
:: 조직문화의 구성요소 49
:: 조직문화의 유형분류 51
:: 정부기관 적용을 위한 전제조건 57

제 3 장 조직문화에 대한 사례연구 · · · · · · · · · · · · · · 59

:: 시작이 반이다: HP Way 61
:: 고유한 것을 절차탁마(切磋琢磨)하다: Toyota Way 68
:: 달리는 말에 채찍질을 가하다: GE Way 74
:: 조직문화의 쟁점 및 교훈 82

제 4 장 재정경제부의 조직문화 · · · · · · · · · · · · · · · · · 85

제 2 부 MOFE Way의 핵심가치

제 5 장 재정경제부의 열린 조직문화 · · · · · · · · · · · · 91

:: 열린 조직문화(Openness)의 필요성 91
:: 열린 조직문화 구현을 위한 구성원의 태도/가치관 93

제 6 장 고객을 위한 열정(Passion for Customer) · · 97

:: 정의 및 원칙 97
:: 고객을 위한 열정의 행동원칙 102
:: 대표적인 제도 및 프로그램 103
찾아가는 정책대화/2-1-5-0 민원처리 시스템/고객만족도 조사/회의제 운영선진화/채용경로의 다양화
:: 글로벌 기업의 사례 114
GE의 ACFC/GE의 마케팅 중심 조직운영

:: 기타 신규도입 프로그램 117
정보화 혁신(Knowledge Atlas 구축)

제 7 장 역량강화(Excellence) · · · · · · · · · · · · · · · · 121

:: 정의 및 원칙 121
:: 역량강화의 행동원칙 126
:: 대표적인 제도 및 프로그램 127
통합성과평가/보직스카우트제 및 보직순환제/정책·실무역량
배양을 위한 교육·연수 강화/주요보직의 내부공모 확대
:: 글로벌 기업의 사례 139
IMF 인사평가시스템(APR: Annual Performance Review),
HP의 온라인 교육시스템 및 HP 종업원 포털(Employee Portal)
:: 기타 신규도입 프로그램 145
IMF식 인사평가시스템 구축/어학능력 향상 지원/보고서 표준화/
6·7급 직무역량 제고

제 8 장 신뢰와 인간존중(Trust) · · · · · · · · · · · · · · · 155

:: 정의 및 원칙 155
:: 신뢰와 인간존중의 행동원칙 160
:: 대표적인 제도 및 프로그램 161
Fun MOFE/Communicating MOFE/Refreshing MOFE
:: 글로벌 기업의 사례 173
도요타(Toyota)의 비공식 사내단체 프로그램/
HP의 MBWA와 문호개방정책

:: 기타 신규도입 프로그램 178
도서관 북카페화/국훈·과훈 갖기/멘토링/문호개방정책

제3부 MOFE Way를 통한 재정경제부의 성공적 비상

제 9 장 MOFE Way 정착을 위한 준비 및 지속적 관리 · · · 183

:: MOFE Way 정착을 위한 준비 183
:: MOFE Way 정착을 위한 지속적 관리 185

제 10 장 정부기관의 역할모델로서의 재정경제부 · · · · · · · · 187

부 록 : The MOFE Way Index 193

· 참고문헌_ 197

제1부

재정경제부와 조직문화

제 1 장 :: 재정경제부의 어제와 오늘 그리고 미래

재정경제부의 도전과 성공

> 문명의 성장은 계속되는 도전에 대한 성공적 응전으로 이루어지며,
> 이러한 성공적 응전은 역사발전의 원동력이다.

역사학자 토인비(Arnold Toynbee)가 그의 저서 《역사의 연구》(*A Study of History*)에서 쓴 표현이다. 이제는 누구나 아는, 그래서 진부하게까지 느껴지는 토인비의 이야기를 굳이 언급하지 않더라도 역사의 흐름과 함께 모든 조직은 변화한다. 특히 행정조직의 변화는 크게 두 가지 측면에서 모색될 수 있다. 하나는 조직의 환경변화를 예측하여 조직구조를 변화시킴으로써 행태변화를 유도하는 경로이고, 다른 하나는 반대로 구성원의 행태변화에 초점을 둔 전략을 선택한 후 이를 통해 조직의 구조와 환경을 변화시키려는 노력이다.

재경부의 경우 경제기획원, 재무부 시절부터 대체로 조직구조의 변경이 지배적이었다. 그 과정에는 IMF 경제위기와 같은 국난을 겪으면서 불가피하게 조정되는 경우도 있었다. 이러한 하드웨어적인 조직이나 기능의 변화는 조직구성원의 행태에 많은 영향을 미쳤지만 그 한계가 있을 수밖에 없었고, 시간이 흐르면서 재경부는 소프트웨어 측면에서의 변화에도 점차 많은 노력을 기울이게 되었다. MOFE Way 정립은 그런 면에서 소프트웨어 측면에서의 변화활동을 체계적으로 정리하고 기존의 구조·기능의 변화와 연계함으로써 새로운 환경에 도전하기 위한 준비를 총체적으로 검토하는 단계라 하겠다.

창건 이래 격변했던 대한민국 경제 흐름을 주도하고 세계경제의 흐름에 대응하기 위한 재경부의 역사는 그 변화의 내용을 중심으로 크게 4단계로 구분된다.

〈그림 1-1〉 경제발전단계별 재정경제부의 역할

수출주도 고도성장기 1960~1970년대	· '정부주도형' 개발의 주도적 역할 담당 · 경제개발계획에 있어 경험을 통한 학습과 책임의식을 바탕으로 성공체험과 자신감 확보
경제안정화기 1980년대	· '안정과 균형'을 근간으로 내실 있는 발전 도모 · 기능의 고도화 및 업무의 세분화를 통한 민간의 자율성과 공정성 추구
개방과 민간자율시기 1990년대 초중반	· 경제기획원과 재무부가 재정경제원으로 통합되어 각 부처 조정 및 민간 경제활동 지원 · 국제환경의 변화에 발맞춘 생산성 및 효율성 추구
경제위기 극복 및 재도약기 1990년대 후반~현재	· 신 성장동력 확충 및 경제체질 개선 등 위기 극복을 위한 노력 · 외환위기 여파로 재정경제부로 재편되었으나 사회여건 변화에 따라 교육/복지 등 비 경제 부문에서의 역할 증대

1960~1970년대: 수출주도 고도성장기

이 시기는 재경부의 모태인 경제기획원과 재무부로 나누어 볼 수 있는데, 먼저 경제기획원은 박정희 전 대통령을 비롯한 국가재건최고회의가 내세운 제 1목표인 경제발전 극대화를 위해 출범한 조직이다. 경제기획원은 정부가 시장통제에 의해 경제개발을 이끌어가겠다는 이른바 국가주도형 내지 정부주도형 개발전략 하에 그 주도적 역할을 담당하게 되었다. 이때부터 기획기능 · 예산기능 · 외자도입 등 3대 핵심개발수단을 보유한 경제기획원은 경제개발 5개년 계획에 따라 대부분의 경제정책을 실행해 나갔다. 경제개발 5개년 계획은 첫해였던 1962년 목표성장률에 미치지 못하였으나, 즉각적이고 전면적인 수정 및 보완을 통해 결과적으로 당초 계획했던 7.1%를 훨씬 상회하는 8.5%라는 괄목할 만한 경제성장률을 가져왔다.

이렇게 1960, 1970년대 수출주도 고도성장의 주요 성공요인이자 경제기획원의 조직문화로 정착될 수 있었던 것이 바로 '실습을 통한 학습'(*Learning by Doing*)이라고 할 수 있다. 제 1차 경제개발 계획의 기획안이 실패로 나타나자 경제기획원은 문제점을 정확하게 파악하여, 실패를 새로운 도전의 기회로 받아들였다. 이를 통해 대내외 경제여건을 이해하는 안목을 키우고 실질경제에서의 문제점들을 해결해나가는 훈련을 함으로써 오늘날까지 이어지는 수출지향 산업전략의 밑그림을 그려낼 수 있었던 것으로 보인다.

경제기획원의 업무가 빈곤으로부터의 탈출을 위한 청사진을 제시하는 일이었다면 재무부는 이의 구체적 실현을 위한 정책을 수립하고 구현하는 역할을 담당하였다. 정부수립 당시 재무부는 예산과 수입지출 총괄기능을 수행하였으나 정부 중심의 고도경제성장을 위한 경제개발계획에 집중하는 과정에서 예산기능이 경제기획원으로 이전되었다.

조직개편에도 불구하고, 재무부는 경제개발이라는 개혁안을 행동화하고 구체화함으로써 정책목표를 성공적으로 달성하였다. 이렇게 '주어진 목표를 성공적으로 끝까지 완수한다' 는 책임감의 문화는 이때부터 형성되어 이어진 것이라 할 수 있다. 더불어 재무부는 정부주도의 고도성장기에 상대적으로 취약한 민간부문에 대한 지도와 조정을 통해 우리 경제의 발전을 주도하였으며, 지속적인 금융지원과 세제 확립 등 우리 경제의 주요 정책수단을 적절히 활용함으로써 비약적인 경제발전에 크게 기여하였다.

1980년대: 경제안정화기

1980년대는 경제안정화 종합대책(1979년 4월)을 출발점으로 성장 위주에서 안정정책으로, 정책 주도에서 민간의 자율성을 중시하는 방향으로 경제운용방식의 전환이 이루어진 시기라는 측면에서 큰 의미가 있다.

경제기획원의 1980년대 최대 해결과제는 1960, 1970년대의 팽창전략이 야기한 어려움을 극복하고 제 2의 도약을 모색하기 위해 균형 있고 내실 있는 발전을 도모하는 것이었다. 이에 경제기획원은 경제안정화 종합대책을 시작으로 문제해결에 나서게 되었다.

재무부도 정책에 대한 기본이념은 경제기획원과 궤를 같이하여, 안정과 균형에 바탕을 둔 재정운용방식으로의 변화에 초점을 두어 재무부 기능을 고도화시키고 업무를 세분화하는 과정을 밟았다. 이를 위해 재무부 내 각 조직들은 지속적으로 신설과 개편과정을 거쳤다. 재무부 자체 감사

기능이 강화되고 자본시장 및 보험시장의 규모확장에 따라 금융, 보험관련 기구의 개편이 이루어졌다. 그리고 국세심판소, 특허청 등 하부단위간의 기능조정도 나타났다. 국민경제의 발전과 함께 국내외 경제규모의 확대로 재무행정의 양적 · 질적 변화가 불가피하였고 이에 재무행정기능이 세부적으로 분화되어 국고국, 국제금융국, 외환국 내 조직이 분화되거나 신설되었다.

1980년대 안정화시기에서 주목할 만한 것은 경제정책목표 및 기본이념의 일관된 추진이라고 할 수 있는데, 이는 급변하는 다양한 위협요인에 맞서 경제개발계획과 정책을 수정 보완해 나가면서도 안정과 균형이라는 기본이념의 명맥을 이어나간 것에서 찾아볼 수 있다. 이렇게 일관된 경제정책을 추진하는 동시에 1980년대 말부터 일기 시작한 정치민주화와 경제민주화의 요구에 부응하여, 경제운용의 자율성과 공정성을 확보하고 앞서 언급한 형평을 근간으로 성장과실을 배분해야 한다는 시대적 요구에 발맞출 준비를 하였다.

1990년대 초/중반: 개방과 민간자율시기

1980년 말 형평성 추구 기조는 1990년대 다양한 사회적 요구와 변화에 발맞춘 정책의 수립과 실행으로 이어졌다. 1990년대 초 대외적으로는 평화공존이란 새로운 국제질서 속에 개방화, 국제화, 정보화의 세계적 흐름에 따라 해외시장뿐만 아니라 국내시장에서도 외국기업과의 경쟁이 치열해졌다. 대내적으로는 정치 · 사회의 민주화가 빠르게 진전되고 경제의 자율화와 국제화가 진전되는 가운데 소득수준 역시 1만 달러 수준으로 높아짐에 따라 산업구조는 물론 국민의식과 생활양식이 크게 변화하는 시기가 도래하였다.

이러한 변화에 발맞추어 경제기획원의 경제정책은 경제의 내실화와 효율화를 도모하고 경영혁신, 근로정신, 시민윤리를 확립하는 데 초점을 맞추었다. 즉, 자율과 경쟁 및 개방에 입각한 시장경제질서를 정착시켜 나감으로써 민간의 창의를 바탕으로 경제활력이 최대한 발휘될 수 있는 경제운용의 틀을 정립하고 공정한 경쟁질서가 확립되도록 경제 각 분야의 제도를 개선해 나가고자 했다.

1994년 12월, 정부조직법 개정에 따라 경제기획원과 재무부가 재정경제원으로 통합되었는데, 경제정책 수립시 재정정책과 금융정책 간의 긴밀한 협조가 필요하고, 재정기능의 효율적 수행을 위해 세입 · 세출 및 예산 · 결산의 통합운영이 필요하다는 판단에 따른 것이었다. 이는 국가주도 경제에서 시장주도 경제로의 전환을 보여주는 동시에 재정경제원이 각 부처를 조정하고 민간의 경제활동을 지원하는 새로운 역할을 수행해야 한다는 것을 의미했다. 이처럼 정부부문의 생산성과 효율성을 높인다는 취지 하에 출범하게 된 재정경제원은 민주화 · 개방화의 흐름 속에서 금리자유화, 금융실명제, 수입자유화 등 개혁조치를 단행하였으며, 성장잠재력 강화와 국민생활여건 개선, 각종 개혁조치 등 신경제 5개년 계획과 세계화를 추진하였다.

1990년대 후반~현재: 경제위기 극복 및 재도약기

1997년 12월, 대외신인도 하락, 외환보유고의 고갈과 이에 따른 유동성 부족으로 한국은 이른바 IMF 사태라고 불리는 외환위기를 맞게 된다. IMF의 근본원인에 대해서는 많은 이견이 있지만, 고도경제성장의 이면에 누적되었던 경제 · 사회 각 부문의 구조적 문제가 근본적 원인이라는 분석이 주류를 이룬다.

하지만, 재정경제원은 그 폭풍의 중심에서 예산기능이 분리되어 재정경제부로 축소 개편되는 가운데서도 위기가 곧 새로운 경제 패러다임의 도입을 가능케 한다는 점에서 기회가 될 수 있음을 알고 단계적이면서 다각적인 정책적 노력을 기울였다. 이때 주목할 것은 재정경제부가 외환유동성 부족이라는 당면 과제를 해결하는 데 그치지 않고 새로운 산업에 대한 성장동력을 확충하고 경제체질 개선을 위해 노력했다는 점이다. 이 가운데 진행된 것이 기업 · 금융 · 공공 · 노동에 대한 4대 부문의 구조개혁을 비롯한 IT, BT 등 새로운 성장기반의 마련이었다. 이런 노력의 결과, 외환위기를 조기에 극복하고 다시 경제성장의 동력을 회복하는 성과를 거두었다.

참여정부 출범 이후 재정경제부는 여러 대내외적 불안요인 속에서 경기회복을 뒷받침하고 시장불안 요인에 적극 대응하는 등 거시경제를 안정적으로 관리하면서도 성장과 분배의 조화라는 기본철학 아래 경제 양극화 문제에 근본적으로 대응하고 중장기적 시계에서 저출산 · 고령화 등 미래위험에 대해 대비하는 적극적인 모습을 보여주고 있다. 그리고 지난 2007년 4월, 세계 최대시장인 미국과 자유무역협정(FTA)을 타결하면서 재정경제부는 새로운 도약과 비상을 준비하고 있다.

이처럼 재정경제부는 지난 50여 년 동안 대한민국 경제발전에 있어 '개발의 설계자', '도약의 추진자'이자 '변화의 주역'으로서 그 역할을 충실히 해왔다.

급변하는 과업환경

문명의 발달추세를 볼 때 향후 20년 정도는 지식 및 정보가 중심이 되는 사회가 지속되리라는 것이 학자들의 공통된 의견이다. 많은 학자들은 향후 20년을 이끌 원동력으로 실용주의, 기술의 급속한 발전, 인구증가 및 이동, 환경문제, 그리고 자원문제 등을 거론하였다. 이러한 요인들을 고려할 때 정치력보다는 경제력이 더욱 중요하게 부각될 것이고, 그 시점이 정확하게 언제가 될지는 알 수 없으나 각국의 경제가 글로벌 경제라는 하나의 체제로 통합되는 것은 피할 수 없는 현상임을 알 수 있다.

이에 재경부가 직면하게 되는 과업환경을 글로벌 차원, 범정부적 차원, 재경부 차원으로 나누어 살펴볼 것이다. 글로벌 차원에서는 다자간 협상이 강조되는 가운데 대한민국 정부와 구미 열강을 포함한 주변국가들간 관계의 변화가 초래하는 영향을 살펴보고, 범정부적 차원에서는 정부

〈그림 1-2〉 재경부의 과업환경

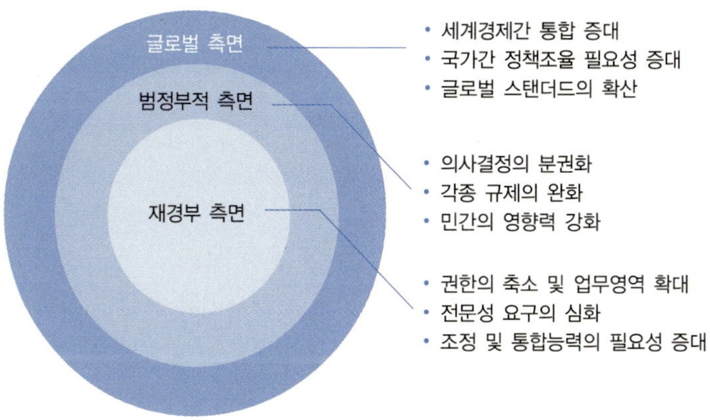

기관과 민간으로 대별되는 가운데 분권화되는 정부와 점점 더 다양하게 강화되는 민간의 모습을 생각해 보겠다. 더불어 하나의 정부기관으로서 재경부가 여타 중앙부처 및 산하기관 등과 달리 수행해야 하는 역할 · 기능의 변화와 이에 따라 요구되는 요건들을 기술하겠다.

글로벌 환경(초국가적 환경)

⁚ 세계화의 진전과 세계경제간 통합

프레이저(Jane Fraser)와 오펜하이머(Jeremy Oppenheimer)에 의하면, 무역과 투자자유화, 다국적기업의 세계화 전략, 정보화 혁명 등으로 전 세계 모든 기업과 국가가 지구촌경제의 단일시장으로 통합되고 있다. 시장통합은 종래 제조업을 중심으로 그리고 선진국을 중심으로 진행되었으나, 앞으로는 금융, 교육훈련, 문화 · 예술, 공공서비스 등을 포함한 전 산업 그리고 개발도상국으로 확대될 전망이다.

산업분야별 시장통합의 경우, 초국적기업의 글로벌경영체제가 완성되면서 생산, 조달, 연구개발, 마케팅 등 기업활동의 모든 영역이 전 세계 모든 지역과 기업을 대상으로 분산되어 상호 연계되는, 보다 세분화되고 복잡한 국제분업 구도가 형성될 것이다. 이는 과거 제조업에서 중국과 동남아로 대표되는 개발도상국과 분업형태로 나타났으나 서비스업을 포함한 다른 산업으로까지 점점 영역을 확대해 나가고 있다.

국가별 시장의 통합, 특히 개발도상국으로의 세계화 확대는 경제 지역주의를 통해 이루어지고 있다. 제 2차 세계대전 이후 관세와 무역에 관한 일반협정(GATT), 국제통화기금(IMF)을 두 축으로 한 자유주의가 경제흐름의 주류였다. 그러나 20세기 후반, GATT 및 IMF 체제의 한계성이 나타나면서 기존체제를 대체할 만한 세계무역기구(WTO)의 성립으로 새로운 국제경제 질서가 형성되었다. 또한 범세계주의적 국제질서가 붕괴되고 재편되는 과정에서 국지적으로 이익을 추구하려는 지역주의가 두드러졌다. 유럽연합(EU)과 미국, 캐나다, 멕시코의 북미자유무역지대(NAFTA), 그리고 동아시아의 아시아·태평양경제협의회(APEC) 등이 대표적이다. 특히 APEC을 중심으로 한 아시아권에서는 역내 국가간에 생산과 분업 네트워크가 형성되어 세계경제에서 그 영향력을 늘려가고 있다. 이렇듯 아시아권에서의 세계화는 개발도상국으로의 시장확대에서 나아가 아시아권이라는 하나의 시장으로 통합되고 있다.

이러한 세계화의 진전과 아시아권의 위상강화는 우리에게 동북아 물류중심기지 및 금융허브로서 동북아 경제의 중심국가로 발돋움할 수 있는 다양한 기회를 제공함과 동시에, 경쟁력을 갖추지 못할 경우 글로벌 무한경쟁에서의 낙오라는 자칫 회복하기 힘든 위협도 될 수 있음을 명심하여야 할 것이다.

국가간 정책조율 필요성 증대

주도권이 어디에 있는지를 차치하더라도, 현재 대부분 국가들이 세계화의 흐름에 휩싸여 있다는 점은 주지의 사실이다. WTO 체제 하에 도하개발어젠다(DDA) 이후 세계경제는 다자무역체제로 구축되고 있으며, 교토의정서로 대변되는 기후변화협약은 각국의 에너지 및 산업정책과 연결되어 있어 선진국과 개발도상국 모두에게 최대의 관심사가 되었다.

이러한 세계화가 바람직한 방향으로 진전되기 위해서는 경제적, 환경적으로 효율적인 체제의 수립이 필요하다. 2007년 OECD 각료이사회는 세계화가 경제성장과 소득불평등의 해소에 미치는 효과와 회원국들의 경험사례를 논의하였는데, 각료들은 세계화가 경제성장의 동력을 제공하고 국민복지 수준을 향상시켰다는 데에는 기본적으로 인식을 공유하였다. 아울러 경쟁심화로 소득불평등이 확대될 경우 세계화에 대한 지지가 약화될 수 있기 때문에 세계화의 피해를 최소화하고 대다수의 사람들에게 혜택을 확산하기 위한 범국가적 정책이 필요하다는 공감대가 형성되었다.

또한 세계화의 혜택을 확산시키기 위한 정책을 추진함에 있어 정치적 리더십이 중요하게 부각되고 있다. 왜냐하면 세계화의 이익은 비교적 장기적, 점진적으로 나타나는 반면에 그로 인한 피해는 단기간에 집중되기 때문이다. 그런데 WTO 등을 통한 국가간 정책조율의 확대는 각국 정부가 자의적이고 재량적인 방법으로 시장에 개입할 여지를 상당부분 축소시켰다. WTO는 국가간 협상대상을 공산품으로부터 농산물, 금융, 서비스업 등으로 확대시켰을 뿐만 아니라 경제정책, 산업지원, 환경 등 국내정책까지도 협상의제로 거론하고 있다. 이제 국가간 정책조정은 단순한 조율을 넘어 국내정책에 대한 상호감시와 견제로까지 강화되면서 정책과정의 투명성과 예측가능성에 대한 요구가 증대되고 있다.

⁚⁚ 글로벌 스탠더드의 확산

민간부문에서부터 불어 닥친 세계화와 글로벌 스탠더드의 흐름은 정부부문도 예외일 수 없다. 세계화로 인한 국가간 정책조정의 경향은 국제적인 제도수렴으로 이어졌으며, 이는 글로벌 스탠더드에 대한 논의를 초래하였다. 즉, 투명하고 공정한 국제적 규범수립을 위해 각국의 국내정책을 글로벌 스탠더드에 맞추어 개편할 필요가 있다는 인식이 확산되었다.

그러나 일부에서는 글로벌 스탠더드를 강대국이 자국 이익을 목적으로 국제협약 등을 통해 외부로부터 강제되는 규범이라고 하여 부정적 시각으로 보기도 하지만, 글로벌 스탠더드가 뛰어난 성과를 낳는 최선의 관행이든 외부로부터 부과되는 규범이든 피할 수 없는 흐름이라는 사실은 누구도 부정할 수 없다.

경쟁에 기초한 시장경제시스템이 범세계적 경제질서로 확립됨에 따라 정부도 글로벌 스탠더드에 부합하는 유연한 경제체제에 기반한 유능한 정부가 되는 것이 선결과제가 되었다. 이러한 글로벌 스탠더드를 구현함에 정형화된 정답이 있을 수 없다. 그렇다고 선진국을 그대로 답습해서는 안 되며, 주요 국가들의 성공적인 정책사례들을 면밀히 검토하되 우리의 토양을 고려한 자체적인 좌표설정과 노력이 필요하다 하겠다.

범정부적 환경

지식정보화 및 민주화로 인한 분권화

지식정보화가 급속하게 진전되고 있다. 초고속 정보망의 출현으로 인터넷의 폭발적 성장, 데이터 통신망의 급증, 지식정보의 네트워크화와 세계화의 진전, 전자상거래와 전자화폐의 활성화 등에 따라 지식정보사회화가 더욱 가속화되고 있다. 지식정보화는 우리나라 전반에 걸쳐 글로벌 정보, 지식, 문화의 전이를 매우 빠른 속도로 촉진하고 있다.

이러한 지식정보화는 분권화를 촉진하였다. 과거 비대칭적 정보로 인해 정부가 독점적 권력을 누릴 수 있었으나, 정보와 통신의 혁명적 발전은 거래와 통신비용과 시간을 절대적으로 감소시켜 국내외 교류와 통합의 확대에 기술적 조건을 제공하였다. 이러한 현상으로 국가능력과 기능은 축소되고 권력은 분산되었으며, 사회 내 구성원들간 관계가 다변화되었다. 지식정보화와 더불어 민주화는 정부의 독단을 약화시키면서 시민사회의 역할을 증진시키고 정부와 시민사회의 관계를 변화시켰다. 동시에 정치운영의 독점적 지위를 가지고 있던 국가와 사회가 점점 복잡해지면서 더 이상 정책결정과정에서 독점적 지위를 유지할 수 없게 되었다. 국가와 중앙정부의 권한이 시민사회와 지방정부로 이양되고 있다.

이러한 정부의 서비스 분권화가 집중화보다 더 효율적이라고 생각하는 추세는 점점 확산되고 있다. 정책결정이 중앙정부에 집중되어 있으면 시민들과 거리가 너무 멀어지게 됨으로써, 중앙에서는 밑바닥에 있는 문제와 요구사항을 제대로 파악하기 어렵다는 것이다. 중앙정부는 전반적인 우선순위를 정하고 조정역할을 하지만, 다양한 서비스에 대한 권한은 최대한 하위단위에 분산되어야 한다는 주장이 개별 지역공동체의 필요로 더욱 설득력을 얻고 있다.

⁚⁚ 규제완화의 요구

국가개입 효과와 그 정당성에 대한 다양한 반성과 회의가 제기되면서, 많은 나라들이 대부분 탈규제라는 형태로 광범위한 규제개혁에 착수했다. 규제는 통상적으로 정부 혹은 국가가 민간부문 경제주체들에 대해 공공이익과 충돌을 빚는 일이 없도록 어떤 행위를 할 수 없는지 직접적으로 명시하거나 금지하는 것으로 정의된다.

제 2차 세계대전 이후, 전 세계적으로 정부개입 수준은 전반적으로 상승하였다. 정부들은 거시경제 정책을 시행하기 시작했고, 많은 기업들을 국유화하거나 공기업을 설립하였으며, 공공지출을 증대시킨 것은 물론 규제활동의 범위와 강도를 확대 강화하였다. 그러나 1970년대 이후 세계경제는 두 차례에 걸친 석유파동 등으로 대부분의 선진국들에 산업위기가 닥친다. 이 위기의 원인은 경제에 대한 정부개입이 과다한 탓으로 돌려졌고, 그에 따라 정부지출을 축소하고 공기업을 민영화하며 경제에 대한 규제를 축소하는 시도들이 이루어졌다.

우리나라에서도 1997년 국제자본이 갑작스럽게 말라붙게 되고 상환능력이 떨어짐으로써 장기불황과 경제파탄의 위기를 맞았다. 이전까지 국가 주도의 산업화 모델에 대한 국내 불만의 확산과 더불어 국제 대출기관들로부터 외부적 압력이 더해지면서, 기존의 규제체제들은 물론 정부가 민간부문과 관계를 맺는 방식과 같은 보다 일반적 문제에 대해서까지도 본격적으로 개혁에 나서도록 내몰렸다. 이로 인해 정부는 공기업 민영화와 구조조정 등 탈규제에 대한 결단을 내리지 않을 수 없었다.

오늘날을 탈규제 시대라고는 하지만 각기 다른 여러 나라들에서 취한 탈규제 조치들의 성공 여부에 대해 확실히 단정짓기 어려운 실정이다. 미국과 영국은 대대적인 탈규제 추진 이후 자국의 경제실적을 뚜렷하게 향상시키지 못하였으며, 다른 선진국들은 영미의 경우처럼 그리 대대적으로 탈규제를 추진한 것은 아니었다. 그 규모가 어떻든간에 적어도 아직까지는 탈규제의 영향이 그다지 가시적이지는 않다. 뿐만 아니라 특히 금융부문에서는 탈규제가 바로 정부의 수수방관과 동일시되면서 모든 실패의 책임을 정부가 떠안아야 하는 예들이 많이 있었다. 이에 우리나라에서는 규제개혁의 필요성은 수용하되 매우 점진적인 방식으로 규제완화 정책을 추진해 오고 있다. 또한 규제완화를 거시경제 안정화 등 여러 다른 정책수단들과 함께 시행하고 있다.

⁚ 기업 · 민간과의 관계의 변화

우리나라 경제는 정부주도의 경제개발기를 거쳐 외환위기 이후 국민의 정부와 참여정부에 들어서 개혁경제를 경제정책의 중요한 방향으로 삼고 있다. 민주화 등으로 인한 기업과 민간의 역량강화로 인하여 과거와 같이 정부가 직접적으로 통제할 수 있는 수단은 점점 더 줄어들고 있다. 과거에는 은행을 통하여 대기업을 통제하고 관치금융을 통하여 자원배분과 투자의 우선순위를 조절할 수 있었다. 그러나 대기업의 부채비율이 줄어들고 재무구조가 개선되면서 은행에 대한 의존도도 줄어들었다. 또한 은행의 의사결정구조에도 외국인의 참여와 지배구조의 개선으로 자율성이 강화되어 정부가 은행과 대기업을 통제하는 것은 과거의 일이 되었다.

이제는 시스템의 제도화를 통한 자율적 개선을 유도하여야 한다. 과거에는 대기업의 총수나 CEO와의 인간적 관계로 맺어졌던 특성이 이제는 제도화된 규칙과 일상적 규제로 표준화되고 있다. 따라서 정부의 직접적이고 재량에 의한 통제가 점차 어려워지면서 이른바 정치력에 의한 해결은 줄어들고 있다.

과거에는 정부와의 관계에서 사법적 소송은 쉽지 않았다. 우선 주무부서와의 관계 때문에 정부의 결정이나 규제사항에 대해 소송을 제기하는 것은 장기적으로 해당 주무부서와 불편한 관계를 감수하여야 하는 이른바 '괘씸죄'에 해당되기 때문에 기업들은 가급적 이를 회피하였다. 그러나 최근 기업들이 세계화 추세 등과 맞물려 초국적기업으로 성장하면서 정부의 결정이나 법안에 대하여 문제를 제기하고 이를 법원이나 헌법재판소에 가져가서 사법부의 판단을 통해 문제를 해결하려는 경향이 늘어나고 있다. 이에 따라 행정부와 기업의 관계에서 사법부의 판단이 많이 존중되고 있다. 특히 최근 우리나라에서 헌법재판소의 역할이 강화되고 사법부의 독립성이 조금씩 개선되면서 과거 별 제약 없이 통용되었던 행정부의 관행과 절차에 상당부분 제동이 걸리기 시작하였다.

재정경제부가 처한 환경

∴ 권한의 축소와 업무영역의 확대

정부는 IMF 구제금융을 활용하여 외환위기를 수습하는 과정에서 IMF와의 이행각서에 따라 기업, 금융, 노동, 공공 등 이른바 4대 개혁을 추진하였다. 이 과정에서 재경부도 정부조직법이 개정되면서 예산 · 국고 · 조세 등 국가재정 부문을 통합 운영하던 기존 재정경제원의 기능 중 예산기능이 분리되어 재정경제부로 축소 개편되었다. 물론 1994년 작고 효율적인 정부구현이라는 국정목표에 따라 일부 국이 폐지되거나 축소되기는 하였으나 업무영역 확대에 따른 조직의 확장이라는 이전까지의 큰 흐름이 바뀌는 계기가 되었다.

그러나 2000년대에 들어서면서, 국무총리실로부터 대외경제 조정기능을 넘겨받아 거시적인 경제기획 업무까지 담당하게 되었으며, 공적자금관리특별법의 제정 · 공포에 따라 공적자금관리위원회 사무국을 신설하였다. 또 특정금융거래정보의 보고 및 이용 등에 관한 법률에 따라 금융정보분석원(FIU: *Financial Intelligence Unit*)을 신설하였으며, 우리 경제의 성장잠재력을 확충하고 국제위상을 제고하기 위하여 대외개방정책을 적극 추진하고, 경제협력을 강화하기 위하여 경제자유구역기획단을 신설하여 경제자유구역의 조성 및 금융국제화를 통한 동북아 경제의 허브구축이라는 역할을 책임지게 되었다. 중장기 경제정책 수립 및 조정기능을 강화하기 위한 정책조정국이 신설되었고, 혁신인사기획관실이 신설되어 혁신업무까지 부가되었으며, 지역특화사업을 실무적으로 지원하는 지역특화발전특구기획단이 설치되었다. 미국 등 거대경제권과의 자유무역협정(FTA)을 보다 적극적이고 전략적으로 추진하기 위하여 경제협력국 내 통상조정과 및 통상기획과가 신설되었으며, 중장기 조세개편작업을 추진하기 위해 세제실에 과가 신설되었다. 이 밖에도 남북간 관계개선을 위한 남북경협관련 업무나 저출산 · 고령화 현상의 심화에 따른 경제 · 사회적 부담을 완화하기 위한 대응책 등 미래에 대한 대비에 이르기까지 재경부의 업무영역은 점점 더 넓어지고 있다.

전문성에 대한 요구의 심화

이러한 상황에서 IT 인프라의 확충 및 인터넷 등 다양한 정보매체를 통한 정보의 대중화와 같은 정보화의 급진전으로 정부와 국민을 비롯한 정책고객과의 쌍방향 커뮤니케이션이 확대되면서 정부정책에 대한 일반국민의 평가가 즉각적으로 가시화되었고, 집단지성을 기반으로 한 합리성도 배가되었다.

이에 따라 재경부가 업무수행의 전문성을 더욱 강화해야 할 필요성이 대두되고 있다. 민간 전문가를 포함한 다양한 분야의 전문가를 활용하여 정책개발 및 정책수행에서의 전문성을 강화할 필요가 있다. 또한 경제사회 전반에 걸친 세계화로 인한 경제통합의 가속화는 미시적 차원뿐 아니라 거시적 차원에까지 글로벌 스탠더드를 따라야 할 필요성을 제고시켰다. 이는 규제 · 조세 · 인허가 등 경제정책의 모든 분야에 걸쳐 재경부의 재량을 축소시키고 모든 면에서 글로벌 경쟁에 필요한 높은 수준의 전문성을 키우지 않을 수 없게 만들고 있다.

∷ 정책고객에 대한 조정역할 필요성 증대

민주화와 함께 재경부의 역할에도 변화가 요구된다. 민주화에 따라 민간부문의 힘이 강해져 민간부문에 대한 정부의 통제와 간섭이 힘들어졌다. 민간부문이 더 많은 부문을 자율적으로 처리할 수 있게 됨에 따라 재경부가 나서서 모든 일을 계획하고 이끌던 관행이 더 이상 유효하지 않게 된 것이다. 그만큼 민간부문의 경제역량이 커졌다는 것을 의미하며, 다양한 민간부문 정책고객들의 이해관계를 어떻게 조정할 것인가에 대한 재경부의 역할이 강조된다.

조정이라는 것은 그 과정에서 특정 집단의 절대적 혹은 상대적인 지위를 현격히 떨어뜨릴 수 있다 보니, 손해를 보는 집단들이 저항하고 상대 집단들이 다시 이에 저항하는 과정이 빚어지면서 갈등이 극한상황으로 치닫는 경우가 많다. 따라서 원활하게 작동하는 갈등관리 체제를 수립하는 것이 재경부의 중요한 역할이 되었다. 그러나 자유시장으로의 규제완화를 선택한 재경부의 입장에서는 이러한 사회적 갈등을 조절하는 데 개입하는 것이 꺼려질 수 있다. 그러나 재경부가 결코 구경꾼으로 남아 있을 수는 없다. 재경부는 재산권을 비롯한 제반 권리를 최종적으로 보증하는 기구로서 제반 권리 및 제도의 변동이라는 공적 의제를 설정하고 집행하는 과정에서 갈등에 대한 최종 조정자로서의 역할을 맡을 수밖에 없다.

향후 재정경제부의 역할: 재정경제부의 비전

재경부는 2005년 3월, 대외환경 및 정책고객의 요구에 대한 고려와 구성원 내부의 공감대가 부족했던 '선진경제도약을 위한 혁신자'라는 기존의 비전을 변경하고 "임무수행의 척도가 될 수 있고 참여정부 후반기 경제정책의 구심점이 될 수 있도록 비전을 재창출하자"라는 부총리의 발의를 시작으로 새로운 비전정립에 나섰다. 워크숍, 토론회, 혁신교육 분임토의, 이메일 조사 등 치열한 논의와 분석과정을 거쳤을 뿐 아니라 정책고객의 요구를 충분히 반영할 수 있도록 국민, 전문가, 외국인투자자 등에 대한 설문조사 결과와 재경부 이미지 조사결과 등을 반영하였다. 이러한 과정

〈그림 1-3〉 재경부 비전체계의 정립

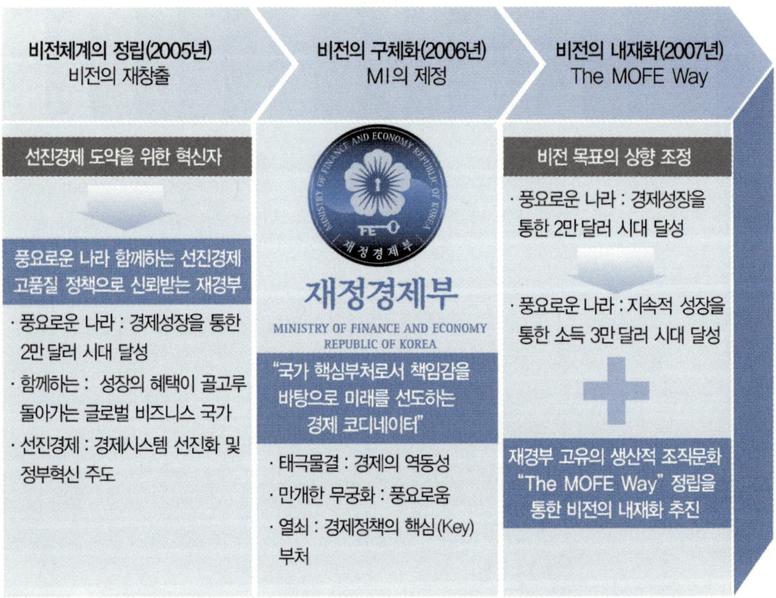

을 통하여 환경변화와 국민의 요구에 부응하고 성장의 열매를 확산시키며, 글로벌경제, 경제시스템 선진화의 의미를 체계적으로 함축하도록 비전을 수립하였다.

2005년 11월, 경제정책 부처로서 재경부 역할을 분명히 하고 고품질 정책을 만들어 국민의 신뢰를 받겠다는 혁신의지를 반영하여 '고품질 경제정책으로 신뢰받는 재경부'를 비전으로 천명하였다. 이와 더불어 투명 · 공정, 더불어 사는 균형발전사회, 평화와 번영의 동북아시대, 자유롭고 공정한 시장질서, 동북아경제중심국가 건설 등 경제분야에 대한 대통령의 국정철학을 반영하여 경제성장을 통해 1인당 국민소득 2만 달러 시대를 열어가고, 성장의 혜택이 골고루 돌아가며 국민과 외국인이 참여하는 글로벌 비즈니스국가, 금융 · 세제 등 경제시스템을 선진화하고 정부혁신을 주도해 나가는 재경부의 모습을 '풍요로운 나라 함께하는 선진경제'로 표현하여 비전에 반영하였다.

2006년에는 재경부만의 독자성을 표현하고, 전 직원이 하나되어 새롭게 거듭나는 재경부의 모습을 보여주겠다는 취지를 상징적으로 표현한 부처 이미지(MI: *Ministry Identity*)를 재경부 출범 이후 처음으로 제정하였다. 재경부의 MI는 '국가 핵심부처로서 책임감을 바탕으로 미래를 선도하는 경제 코디네이터'라는 뜻을 내포하며 재경부 비전과 직원 · 정책고객 · 일반국민을 대상으로 실시한 리서치 결과를 종합해 함께 만드는 MI, 함축적인 MI가 되도록 개발하였다. MI 제정과 함께 2005년부터 추진한 변화의 실제내용에 대한 성공과 실패의 근본원인을 분석하고 피드백 기능을 강화하여 보완프로그램을 마련하는 등 비전달성 및 변화정착을 위한 노력을 경주하였다.

그리고 2007년 1인당 국민소득 2만 달러 달성이 가시화됨에 따라 '풍요로운 나라'의 의미를 '2만 달러 시대를 열어가고'에서 '지속적 성장을 통해 소득 3만 달러 시대를 열어가고'로 그 목표를 상향조정하였다. 더불어 급변하는 국내외 정책환경에 적극적으로 대응하고 지난 2년간의 비전달성을 위한 노력의 연장선상에서 조직문화의 정립을 추진하고 있다.

그렇다면 지금부터는 지난 50년의 업적을 계승하고 글로벌 경제에 효율적으로 대응하기 위한 재경부의 조직문화 정립방향을 찾기 위해 제 2장, 제 3장에서 조직문화에 대한 이론적 배경과 선진사례를 살펴보고자 한다. 이 과정을 통해 우리는 조직문화 정립의 필요성을 더욱 절감하고 재경부 전 구성원이 공감하는 조직문화 형식과 내용에 대해 생각할 수 있는 기회를 갖게 될 것이다.

제 2 장 조직문화에 대한 이론적 고찰

개인에게는 개성이 있고 사회에는 문화가 있는 것처럼 조직에도 각기의 독특한 성격, 즉 조직문화가 있다. 그리고 개인을 이해하려면 그 개인의 성격을 알아야 하고 사회를 이해하려면 그 사회의 문화를 알아야 하는 것과 마찬가지로, 조직에 대한 이해도 조직문화의 분석을 통하여 증진될 수 있다. 그뿐만 아니라, 개인의 우수성은 그의 성격과 능력에 의하여 평가될 수 있고 사회의 선진성과 후진성도 이를 상징하는 문화적 특성에 의하여 평가되는 것과 마찬가지로, 조직의 우수성도 조직문화적 특성에 의하여 평가될 수 있다.

조직문화의 개념 및 정의

문화라는 용어는 라틴어의 cultura에서 파생한 culture를 번역한 말로 본래의 뜻은 '경작'이나 '재배'였는데, 나중에 교양 · 예술 등의 뜻을 가지게 되었다. 영국 인류학자 타일러(Edward Tylor)는 저서 《원시문화》(*Primitive Culture*, 1871)에서 문화란 "지식 · 신앙 · 예술 · 도덕 · 법률 · 관습 등 인간이 사회의 구성원으로서 획득한 능력 또는 습관의 총체"라고 정의내렸다. 일반적으로 문화는 구미풍의 요소나 현대적 편리성(문화생활 · 문화주택 등), 높은 교양과 깊은 지식, 세련된 생활, 우아함, 예술풍의 요소(문화인 · 문화재 · 문화국가 등), 인류의 가치적 소산으로서의 철학 · 종교 · 예술 · 과학 등을 가리킨다. 이러한 문화에 대한 정의를 종합하면 문화란 '한 사회에서 그 구성원에 의해 역사적으로 형성되어 공유되고 학습되는 가치 · 규범 · 사고방식 · 관습이나 행동방식' 등을 지칭한다고 할 수 있다. 이는 시간의 흐름에 관계없이 고정불변이라기보다 그 기본성격은 유지하면서 경제발전단계나 기술변화, 정치상황, 경기변동 등에 따라 끊임없이 변화하는 특성을 지니고 있다.

그런데 어떤 사회에서 일반적으로 볼 수 있는 행동양식과 가치관을 전체의 문화라고 할 때, 그 전체적 문화의 내부에 존재하면서 독자적 특질을 나타내는 부분적 문화를 하위문화라고 한다. 이것은 전체사회 속 특정한 사회층이나 집단을 담당자로 하는 독특한 행동양식 및 가치관으로서, 이른바 '문화 속의 문화'라 할 수 있다. 예를 들어 상류계층의 문화, 화이트칼라의 문화, 청소년문화, 군사문화 등이 이에 해당된다. 또, 이들 하위문화를 하나의 전체적 문화(또는 상위문화)로 보고 다시 그 안에서의 하위문화를 생각할 수 있다. 이를테면, 사회제도로서 국가에 속하는 기업이나

〈그림 2-1〉 문화의 위계구조

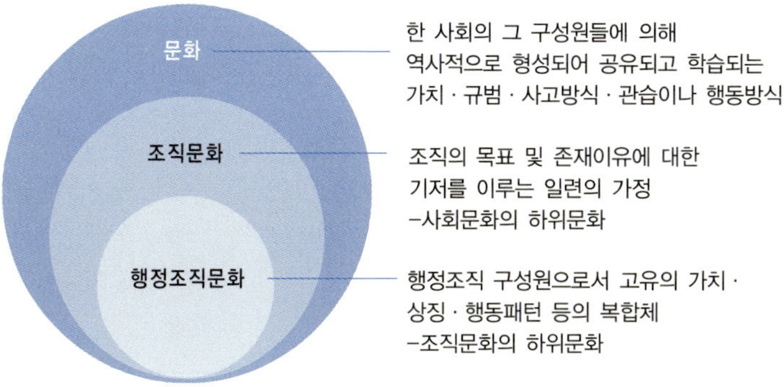

정부의 문화는 국가문화의 하위문화가 될 수 있다. 이러한 하위문화는 그 독자성을 통해 상위문화의 획일화를 방지하고 활력을 불어넣음으로써 상위문화의 유지 · 존속을 보완하는 역할을 한다.

조직문화는 사회문화의 하위문화로서, 우리는 흔히 어떤 조직은 보수적이고 또 어떤 조직은 혁신적이라는 말을 듣는다. 이와 같이 각 개별조직에 대한 인식의 차이는 조직 구성원들의 행동에 영향을 미치는 조직문화의 차이에서 비롯된다. 조직문화라는 말은 일반적 의미의 문화라는 말에서 연유되어 문화에 대한 정의만큼이나 의미가 다양하지만, 종합해 볼 때 조직문화란 조직의 목표 및 존재이유에 대한 기저를 이루는 일련의 가정으로서, 조직 내 구성원들 사이의 공유된 가치 및 행동양식, 그리고 조직 수준에서 표출되는 제도 및 관행, 상징으로 다른 조직과는 차별화되는 조직 고유의 정체성이라고 정의할 수 있다. 즉, 조직문화는 구성원들이 조직에 편입되기 이전에 국가나 사회의 문화적 특성에 영향을 받아 형성된 것이며, 최고경영자로부터 일반구성원에 이르기까지 모두가 공유하는 가치의식 및 행동방식뿐만 아니라 조직 차원에서 외부로 표출된 관리관행 및 상징인 것이다.

업종이 다르면 조직이 직면하는 환경이 달라지고 이용하는 기술도 달라진다. 특히 행정조직과 기업조직 간에는 이러한 차이 이외에도 조직의 설립목적과 조직구조 등에서도 차이가 있기 때문에 같은 조직문화의 하위문화라 하더라도 기업조직문화와는 다른 고유의 문화가 형성된다. 행정조직의 문화는 해당 행정조직 공무원들의 의식구조, 사고방식, 가치, 태도, 행동규범 그리고 일반 국민들이 해당조직에 대해 갖는 생각 등이 포괄적으로 포함된다. 이러한 의미에서 볼 때, 조직문화의 하위문화로서의 행정조직문화란 행정조직 구성원으로서 행정업무에 종사하거나 또는 그 관리운영과 관련된 행정조직구성원들이 지니는 행정조직 고유의 가치, 신념, 상징, 언어, 의식, 습관, 행동패턴 및 의식구조 또는 신념의 복합체라고 할 수 있다.

조직문화의 특징

조직문화의 핵심적 특성으로 '고유함'과 '발전가능성'이 있다.

'고유함'은 특정조직의 구성원들이 공유하는 가치나 행동적 특성이 다른 조직과는 상이한 그 조직만의 독특한 모습으로 표출되는 것을 의미한다. 예를 들어 어떤 조직은 신속하고 치밀하다든가, 끈기와 뚝심이 있다거나, 스마트하고 깨끗하다거나, 혹은 열정적이라거나 하는 느낌을 주는데, 이는 그 조직만이 가지는 고유한 특성이 일반 사람들에게 공통적으로 인식된 결과라고 할 수 있다.

'발전가능성'이라는 특성은 기업문화가 성과나 경쟁력 등에 미치는 기업문화의 효과성과 연계되어 강조되는 특성이다. 이 특성은 조직문화가 자연발생적이라는 입장에서 연구하는 문화순수론과는 달리 조직문화가 기업의 목표달성에 기여할 수 있다는 문화실용론의 입장을 견지한다.

갈수록 급변하는 환경에 적응하여 살아남기 위해서는 조직의 모든 부분이 변해야 하며 조직문화도 예외일 수는 없다. 이러한 관점에서 보면 조직문화는 고착된 영원불변의 것이라기보다는, 좋은 방향으로 진화할 수도 혹은 나쁜 방향으로도 퇴보할 수도 있는 가변성을 지닌 것이기 때문에 어떻게 만들어서 이를 지속적으로 개선해 가는가 하는 과정이 더욱 중요하다. 그 조직의 문화적 요소 중 긍정적인 것은 계승 · 발전시켜 나가고 부정적인 것은 지양하며, 동시에 새로이 수용해야 할 문화요소를 개발함으로써 바람직한 문화를 정립하고 변화를 유도할 수 있다는 것이다.

결론적으로 문화라는 것이 비록 의도한 대로 변화시키는 것이 쉽지는 않더라도 최소한 불가능한 것은 아니며, 지속적인 노력을 통해 끊임없이 발전시킴으로써 바람직한 조직문화에 접근해 나갈 수 있다.

조직문화의 역할

조직문화는 변화를 전제로 하는 조직의 운영에 대해 상대적으로 점진적이고 연속적인 변화원리를 제공한다. 이 말은 문화를 쉽게 바꿀 수 있다는 식으로 지나치게 확대해석해서는 안 되는데, 사회와 마찬가지로 개별 조직도 끊임없이 변화를 경험하지만 그 속에는 안정을 유지하려는 경향도 분명히 존재하기 때문이다. 즉, 조직문화는 구성원들의 가치나 행동적 방향을 결정하는 지주로서 조직을 움직이는 인적 주체에 반영되어 조직 구성원들에게 안정을 부여하면서 동시에 조직 운영시스템의 지속적인 변화를 추구하게 하는 동인으로 작용한다.

또한, 조직문화는 본래 사회 · 심리적 협동시스템의 속성과 관련되어 주로 사회적 성과를 향상시키는 데 중요한 요소로서 인식되었다. 최근 들어 조직문화가 기업경영의 새로운 핵심자원, 또는 다른 경쟁기업이 모방할 수 없는 지속적이고 안정적인 경쟁우위의 원천으로 강조되면서 경제적 성과의 향상이라는 측면으로도 그 기능을 넓혀 가고 있다.

이러한 조직문화의 순기능을 종합해 볼 때 〈그림 2-2〉와 같이 다섯 가지로 정리할 수 있다.

첫째, 조직문화는 구성원들의 일체감(*Identification*)을 형성시켜 준다. 조직문화는 구성원들이 공유하는 가치와 신념이므로 구성원들에게 그 조직의 개성을 부여한다. 그리고 이러한 가치와 신념을 공유하는 정도가 높을수록 구성원들은 자신과 조직을 동일시하게 되며, 공유된 가치와 신념을 통해 구성원간 갈등의 소지를 줄이고 협동심을 유발시킨다. 또한 구성원간 커뮤니케이션을 촉진할 뿐 아니라 상호이해의 폭을 넓혀 조직에 대한 소속감을 증대시킬 수 있다.

〈그림 2-2〉 조직문화의 역할

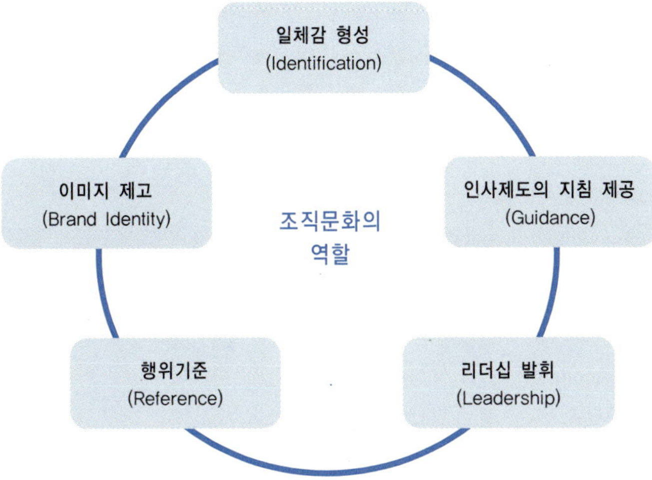

둘째, 조직문화는 경영관리제도, 그 중에서도 특히 인사제도에 대한 최적의 올바른 지침(*Guidance*)을 제공하는 기능을 한다. 구성원들이 공통의 가치와 신념을 가지고 있다면 이들의 행동유형 역시 비슷하게 나타날 것이다. 따라서 구성원들이 조직문화를 적극적으로 수용하고 있으면 그들의 행동은 일관성을 갖게 되고 예측가능해지며, 결과적으로 조직의 인적자원 역시 안정적으로 유지될 수 있다. 결국, 잘 형성된 조직문화는 인사평가, 승진, 보상, 교육훈련 등 제반 인사관리활동의 평가기준이 됨으로써 효율적인 의사결정과 통제를 가능하게 한다.

셋째, 조직문화는 조직의 장으로 하여금 자신의 리더십(*Leadership*)을 발휘하는 도구로써 활용될 수 있다. 조직문화는 해당조직의 수장으로 하여금 일관된 경영스타일을 지속할 수 있도록 하는 매개체 역할을 한다. 강한 조직문화가 형성되어 있을 때 조직의 장은 해당조직의 문화를 수호하고 이를 더욱 발전시켜 일관성 있는 경영스타일을 유지할 수 있다.

넷째, 조직문화는 해당조직 내 모든 구성원들의 행위기준(*Reference*)을 설정해 주어 구성원들간 상호작용을 촉진시킨다. 조직에서는 일하는 방식이나 관계의 질에 대한 견해 등을 둘러싸고 구성원들간 의견이 다를 수 있는데 조직문화는 구성원들간 상충되는 의견들을 조정하는 기준으로서 역할을 수행한다. 즉, 조직문화를 통하여 공통의 가치와 신념을 갖게 되면서 조직 내·외부에 발생하는 다양한 상황을 비슷하게 해석하고, 그 의미를 공통적으로 받아들이게 된다. 이는 조직과 구성원들의 행동이나 의사결정에서 가치판단 준거틀로 작용하며, 불필요한 갈등을 사전에 예방하고, 구성원들간 원활한 커뮤니케이션을 비롯한 상호작용을 도움으로써 구성원의 조직몰입을 촉진시킨다.

다섯째, 조직문화는 대외적으로 사회적 이미지와 위상(*Brand Identity*)을 제고시킴으로써 조직의 대외홍보를 용이하게 하고, 이를 통해 우수한 인재의 선발을 원활하게 한다. 뿐만 아니라 바람직한 조직문화를 통해 우호적인 정책고객들을 많이 확보하거나 비우호적인 정책고객을 우호적으로 변화시킴으로써 정책성과를 향상시키는 데도 기여하게 된다.

조직문화의 구성요소

조직문화의 구성요소는 〈그림 2-3〉과 같이 학자에 따라 다양하게 분류되는데, 이는 크게 가치 · 이념적 요소와 행동 · 관행적 요소로 나누어 볼 수 있다.

가치 · 이념적 요소는 기업문화 중에서 가장 핵심이 되고 밑바탕이 되는 요소이다. 여기에서 말하는 '가치'란 조직의 모든 구성원들에게 공통적인 방향감각과 일상행위의 가이드라인을 제공하는 것으로 조직에서는 대체로 경영이념에 내포된 형태로 존재한다. 예를 들어 제너럴 일렉트릭(GE: General Electric)의 4가지 가치인 Lead, Imagine, Solve, Build는 'Imagination at Work'라는 목표를 달성하기 위한 GE 조직문화의 가치 · 이념적 요소를 나타낸다. 가치에는 조직이 추구하는 목표나 경영이념과 이를 통해 구성원들이 중요시하는 정신적 자세나 신념 등이 포함된다.

행동 · 관행적 요소란 개인 차원에서는 조직구성원들에 의하여 확립된

〈그림 2-3〉 조직문화의 구성요소

E.Schein	Pascale & Peters	Harrison &Shirom	Trice & Beyer	
· 기본전제 · 가치관	· 공유가치	· 기본전제 · 신념과 인식 · 가치	· 실체적인 것 신념 가치 규범	가치/이념적 요소
· 인공물 및 창작물	· 경영전략 · 조직구 · 제도 · 구성원 · 기술 · 관리스타일	· 규범 · 행동양식 · 인공물	· 형식적인 것 상징 언어 대화 관행	행동/관행적 요소

행동의 표준 또는 규칙 등 행동방식 또는 행동규범으로서, 구성원들간에 공유되어 일반적으로 받아들여질 수 있는 행동기준을 말한다. 조직 차원에서는 가치 · 이념적 요소를 달성하기 위한 제도 및 프로그램을 말한다. 이는 인사관리관행이나 소집단운영관행 등과 같이 오랫동안 유지된 관행의 형태로 존재할 수도 있고, 가치 · 이념적 요소달성을 위해 의도적으로 계획된 제도나 프로그램의 형태로 존재할 수도 있다.

조직문화의 유형분류

많은 조직문화 연구자들이 조직문화간 차이를 체계적으로 밝히려는 노력을 기울였다. 그 중에서도 홉스테드(Geert Hofstede)는 국가 차원에서 조직문화를 유형화하였다. 그는 1970년에 60개 이상의 국가들에서 경영활동을 수행한 IBM사로부터 자료를 수집하여 각국의 조직문화적 특성을 권력의 거리, 불확실성 회피, 개인주의-집단주의, 그리고 남성성-여성성 등의 4가지 차원으로 구분하였다.

먼저, 홉스테드는 조직구성원이 가지고 있는 가치로서 권력거리와 불확실성의 회피라는 두 가지 차원에서 조직문화의 유형화를 시도하였다. 권력거리(*Power distance*)란 구성원들이 육체적으로나 지적으로 평등하지 못하다는 사실에 대해 어떤 반응을 보이는가 하는 것이며, 불확실성 회피

〈그림 2-4〉 홉스테드의 조직문화 유형 I

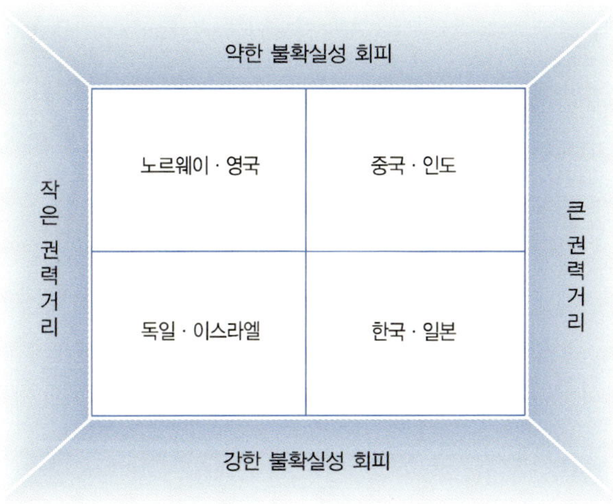

(*Uncertainty avoidance*)란 구성원들이 환경의 불확실성에 적응해 나가는 방법이 문화에 따라서 어떻게 다른가 하는 것이다.

다음으로, 홉스테드는 조직구성원이 지닌 가치로서 개인주의-집단주의와 남성성-여성성의 두 차원에서 조직문화의 유형화를 시도하였다. 개인주의-집단주의(*Individualism-collectivism*)란 구성원들이 개인의 목표와 집단의 목표 중 어느 것을 더욱 강조하는지에 관한 것이다. 남성성-여성성(*Masculinity-femininity*)은 남성과 여성의 역할분담에 관한 것으로서 성에 따른 사회적 역할분담이 다르다는 사실에 기초한다.

하지만 홉스테드의 조직문화 유형화는 국가간 거시환경적 특성이 다르다면 조직문화가 달라져야 하는데도 왜 유사한 조직문화가 나타나는지, 같은 국가 내에서도 왜 조직문화의 차이가 발생하는지에 대한 설명을 하지 못하는 한계가 있다. 이에 개별 조직차원의 특성을 고려하여 개별조직

〈그림 2-5〉 홉스테드의 조직문화 유형 II

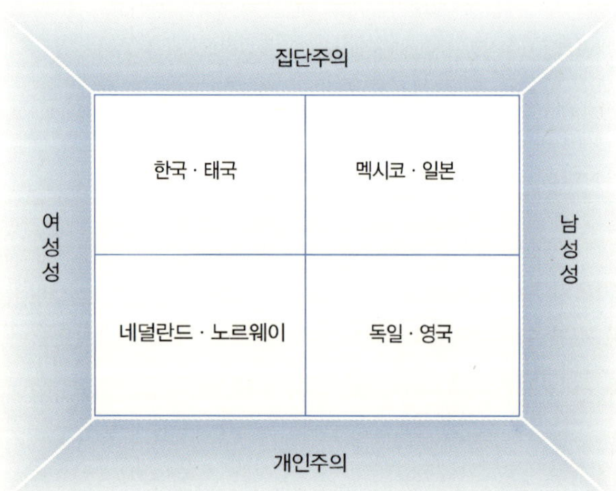

에서 어떤 조직문화의 유형이 나타날 수 있는지에 대해 검토할 필요가 있다. 다음에서 조직문화 유형에 대한 두 가지 다른 관점을 살펴보도록 하겠다.

딜(T. E. Deal)과 케네디(A. A. Kennedy)는 환경이 기업경영에 미치는 위험도와 기업과 종업원에게 성패가 알려지는 피드백의 속도를 기준으로 네 가지 유형을 제시하였다.

조직의 운명을 거는 문화(*Bet-your-company culture*)는 위험도는 높고 성과의 피드백은 늦은 환경에서 형성되는 문화이며 고위험형 문화 또는 투기형 문화라고도 한다. 올바른 의사결정이 중요하며 회의가 중요한 수단이 되고 조직 전체에서 신중한 분위기가 조성된다. 이러한 문화유형은 유류, 항공, 자본재, 시설재와 같은 산업에 속하는 조직에 적합하다.

강한 남성적 문화(*Tough guy, Macho culture*)는 위험도가 높고 성과의 피드백을 빨리 요구하는 환경에서 형성되는 문화이다. 모험형 문화 또는 강력한 지도자형 문화라고도 불리며, 조직내 구성원들이 상호 경쟁하는 개인주의적인 문화 특성을 갖는다. 대표적인 조직으로는 건설업, 경영컨설팅, 의사와 같은 조직을 들 수가 있다.

과정을 중시하는 문화(*Process culture*)는 위험도도 낮고 성과의 피드백도 느린 환경에서 생성되는 문화유형으로 절차형 문화라고도 하며 결과보다 진행방법과 과정에 초점을 둔다. 이 문화에서 구성원들은 사려 깊고 질서정연함과 보호지향성을 지니며 정확하고 높은 수준의 완결성을 지향하기 때문에 관료주의 문화 또는 관료형 문화라고도 한다. 이러한 문화는 은행, 보험회사, 제약업, 정부기관, 공공산업에서 많이 찾아볼 수 있다.

열심히 일하고 잘 노는 문화(*Work hard, Play hard culture*)는 위험도가 낮고, 대신 성과의 피드백을 빨리 요구하는 환경에서 형성되며 근면형 문

〈그림 2-6〉 딜과 케네디의 조직문화 유형

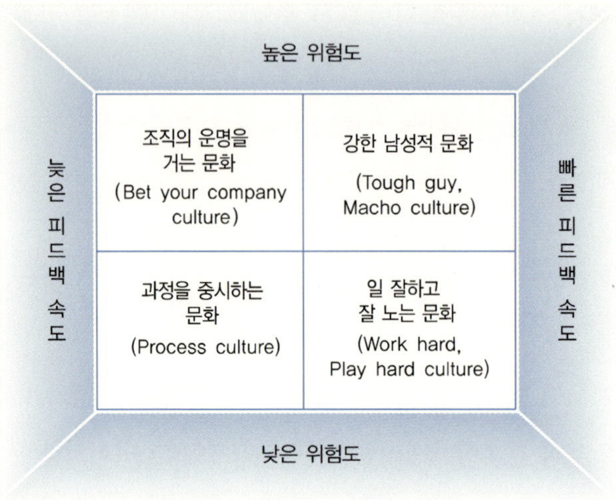

화 또는 적극형 문화라고도 한다. 자동차판매, 부동산업, 도·소매업과 같이 판매조직에 적합한 문화이다.

또 하나의 분류법으로 퀸(R.E. Quinn)과 맥그라스(M.R. McGrath)는 정보처리유형의 관점에 따라 조직문화를 두 가지 기준을 갖고 유형화하였다. 그 하나는 확실성의 정도에 따라 정보처리유형을 구분한 것으로 환경에 대한 인지도, 예측성 및 이해력과 관련하여 환경의 확실성이 낮을수록 권력과 의사결정은 분권화되고, 환경의 확실성이 높을수록 집중화된다는 것이다. 또 하나의 차원은 환경에 대한 반응형태에 따른 것으로 즉각적 반응이 필요할수록 단기적인 단서를 요구하게 되므로 조직의 목적 또는 성과 측면에서 목표지향적이고 성장지향적이 되어 전체시스템이 경쟁지향적(외부지향적)이게 되고, 장기적인 반응이 필요할수록 경험지향적이고 감정지향적이 되므로 사회기술적 시스템이 유지지향적(내부지향적)이게

〈그림 2-7〉 퀸과 맥그라스의 조직문화 유형

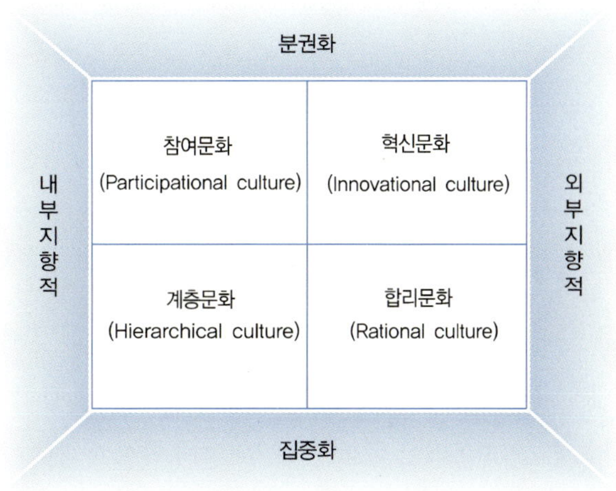

된다. 이러한 구분에 의해 4가지 유형으로 분류하였다.

참여문화(*Participational culture*)는 현실에 대한 확실성을 낮게 지각하고 즉각적인 반응이 불필요한 경우에 나타날 수 있는 문화유형으로 토론 및 합의 등의 집합적 정보처리과정이 목적을 달성하기 위한 중요한 수단이 된다. 참여문화는 사기와 응집성을 중시하며, 구성원의 공감대 형성 속에서 의사결정이 이루어지며 지원적인 리더십 스타일이 부각된다.

계층문화(*Hierarchical culture*)는 환경적 확실성을 높게 지각하고 즉각적 반응이 불필요한 경우에 나타날 수 있는 문화유형으로 문서나 평가와 같은 경험적 정보처리과정이 목적달성의 수단이 된다. 규정집행을 목적으로 하고 안정과 통제를 중시하며 권위의 소재가 명확하다는 특성이 있다. 이러한 문화유형에서 의사결정은 사실을 기초로 이루어지고 리더십 스타일은 보수적이고 신중하다.

합리문화(*Rational culture*)는 현실에 대한 확실성을 높게 지각하고 즉각적으로 반응할 때 나타날 수 있는 문화유형으로 목적명확화 및 논리적 판단 등의 개인정보처리과정이 성과개선을 위한 수단이 된다. 생산성과 능률을 중시하고 상급자의 권위를 인정하며 능력에 따라 권한을 부여하는 특성이 있다. 이러한 문화유형에서 의사결정은 한 가지 목표에 대해 신속히 이루어지고, 리더십 스타일은 지시적 · 목표지향적이며, 구성원에 대한 평가는 구체적 성과를 기초로 한다.

혁신문화(*Innovational culture*)는 현실에 대한 확실성을 낮게 지각하고 즉각적인 반응이 필요할 때 나타날 수 있는 문화유형으로 통찰력 및 혁신 등의 직관적 정보처리과정이 목적달성을 위한 수단이 된다. 여러 개의 목표가 있으며 외부의 지지와 성장을 중시하고, 카리스마적 권위를 인정하며 가치를 권력의 기반으로 삼는 데 특성이 있다. 이러한 문화에서 의사결정은 직관적으로 이루어지고 리더십 스타일은 창의적 · 모험지향적이며, 구성원들은 노력의 열성도에 의해 평가된다.

정부기관 적용을 위한 전제조건

조직이론가들은 기업조직을 비롯한 사조직과 공공조직에는 여러 가지 점에서 분명한 차이가 있다는 점에 동의한다. 공공조직은 추상적 목표에 대한 책임성, 강제력에 의한 집행, 권한분립에 따른 제한적 기능의 수행 등이 고려되어야 한다.

먼저 정부기관의 존재목적 측면에서 살펴보면, 공공조직인 재경부는 태생적으로 추상적인 목표에 대해 법률적 책임은 물론 이를 초월한 무한책임과 의무를 진다. 과거에는 정책을 만들면 결재권자 한 사람만 책임지면 되었지만 이제는 정책 자체에 책임을 묻는 무한책임시대가 되었다. 국가와 국민을 위한 고품질 정책을 만들어 국가경제발전에 이바지한다는 목표를 위해 국가의 공복으로서 법률적, 정치적, 도의적 책임을 모두 져야 한다. 따라서 재경부의 조직문화는 철저히 공공성을 전제로 해야 한다.

다음으로 정부가 제공하는 서비스 또는 산출물은 국가의 규범이나 법이 되어 강제력에 의해 집행되는 경우가 일반적이다. 이로 인해 복잡한 이해관계로 얽힌 다수의 정책고객을 모두 충족시킬 수는 없으며 성과에 대한 성공여부를 측정하는 것도 어려움이 있다. 따라서 재경부의 조직문화는 기업과 달리 어느 한 가치를 극단적으로 추구하기가 어려우며 다른 가치와 상충될 수 있으므로 현실적으로 모두를 포용하거나 적절한 타협점을 찾을 수 있어야 한다.

마지막으로 정부기관들은 운영측면에서 그 성격과 기능을 달리하면서도 행정부와 같이 하나의 정치기구로서 기능한다. 일반적으로 기업은 내부에 기획과 실행, 감독의 기능을 온전히 다 보유하고 운영되지만 정부기구들은 분립의 원칙 하에 서로 다른 기능적 특성을 지니게 된다. 특히 재경부는 행정부에 속하는 중앙부처로서 대한민국 경제정책을 총괄적으로 기획하고 조율하는 입장이 조직문화에 반영되어야 한다.

제 3 장 조직문화에 대한 사례연구

오늘날 조직의 대표적 유형인 기업은 그 존립목적을 '적정이윤의 확보를 통한 영속성의 유지'에 두고 치열한 경쟁상황에서 영속성을 확보하기 위해서 자신만의 경쟁력을 유지하여 지속적인 성장을 꾀하였다. 특히나 글로벌 경제체제에서 자국의 울타리가 아닌 전 세계를 무대로 활동을 수행한다는 것은 극도로 치열한 경쟁상황 속에 지속적으로 노출된다는 것을 의미하므로 더욱 어려운 일일 수밖에 없다. 그럼에도 불구하고, 몇몇의 글로벌 기업들은 오랜 시간 동안 뛰어난 경영성과를 유지해 가며 자신의 기업을 지속적으로 성장시켜 나가고 있다.

글로벌 초일류기업들의 성공요인에 대한 학자들의 연구결과, 다양한 결론이 도출되었지만 성공한 기업들의 공통적 특징 중 하나는 각각의 업종특성에 따른 경영방식의 차이에도 불구하고 각자 나름의 독특한 조직문화를 통해 장기적 성과를 이끌어가고 있다는 사실이다.

재경부 조직문화를 논의하는 경우 공공조직으로서 가지는 특수성을 고려해야겠지만, 조직으로서 가지는 기본적 특성은 조직의 대표적 유형인 기업과 동일하다는 측면에서 글로벌 선진기업의 조직문화와 트렌드를 벤치마킹해 보았다. 그 결과 누구에게나 귀감이 되는 훌륭한 조직문화를 바탕으로 탁월한 경영성과를 내고 있는 세 개의 글로벌 기업으로 휴렛팩커드(HP: Hewlett Packard), 도요타(Toyota), 제너럴 일렉트릭(GE: General Electric)을 선정해 그들이 추구하는 조직문화와 그 전개방식을 살펴봄으로써 재경부가 정립해야 할 MOFE Way의 방향성과 실행방안에 대해 시사점을 얻고자 한다.

시작이 반이다: HP Way

1939년 두 창업자 빌 휴렛(Bill Hewlett)과 데이비드 팩커드(David Packard)가 단돈 538달러로 미국 캘리포니아 팔로알토에서 설립한 휴렛팩커드(HP: Hewlett Packard)는 지난 68년간 매년 흑자를 기록하고 있으며, 현재의 실리콘밸리를 탄생하게 한 원동력이 된 세계에서 가장 존경받는 기업 중 하나이다. 아울러 HP는 창업 이래로 이어져 온 인간존중의 철학을 바탕으로 이를 실천하기 위해 다양한 노력을 기울인 결과 여타 기업에서 찾을 수 없는 독특한 제도와 프로그램을 개발하여 정착시켰으며, 이러한 조직문화를 바탕으로 경영성과뿐 아니라 조직문화 측면에서 여타 기업의 귀감이 되고 있다.

〈그림 3-1〉 HP Way 체계도

HP Way의 형성배경

HP가 세계적 초일류기업으로 발전하는 데에는 창업자들의 경영이념과 이를 기업경영에 꾸준히 반영한 최고경영자의 역할이 매우 컸다. HP의 창시자 중 한 명인 팩커드는 그의 저서 《휴렛팩커드 이야기》(*The HP Way*)에서 다음과 같이 HP Way의 시초에 대해서 회고한다.

> HP를 운영한 처음 몇 년 동안 빌과 나는 일하는 방식, 즉 경영스타일을 개발했는데, 그것은 당시의 경영방식과는 다른 몇 가지 특징을 가지고 있었다. 그것이 바로 HP 방식(HP Way)의 시초였다.

1939년 창업 이래 기업이 급성장함에 따라 휴렛과 팩커드는 기업의 기본가치와 그들 자신의 경영이념을 정립하고 이를 회사의 전략과 운영에 체계적이고 일관성 있게 반영해야 할 필요성을 느꼈다. 그래서 그들은 1957년 경영회의를 통해 처음으로 HP의 기본가치와 경영이념 그리고 경영방침을 정립하고 문서화하였고, 그 이후에 기업환경이 변하고 HP의 사업이 확대됨에 따라 이를 수정 · 보완하였다. 그들의 경영이념에는 이익, 고객, 사업, 기술, 구성원, 경영, 사회책임 등 일곱 가지 목적에 대한 그들의 기본철학이 반영되었고, 이것이 실제로 기업경영에 실천됨으로써 HP의 경영과 기업문화를 상징하는 HP Way의 근간이 된 것이다.

HP Way의 주요내용

HP의 경영이념과 조직문화를 가리키는 HP Way는 인간존중의 경영을 바탕으로 직원 개개인을 존중하고 신뢰하는 데 그 기초를 두고 있다. 따라서 HP에는 '인간은 누구나 우수하며 여건만 갖추어지면 그들이 가진 능력을 십분 발휘할 것이다'라는 믿음이 모든 임직원들에게 깊이 뿌리내렸다.

HP는 HP Way의 이념을 실천하기 위해서 타 기업보다 먼저 출퇴근 기록기를 없애고, 출퇴근 자유시간제(*Flexible work hour program*)를 실시하는 등 인간존중의 경영이념을 바탕으로 지금까지 기업특유의 제도와 기법을 개발해 활용하고 있다. 지금까지도 이어져 내려오고 있는 배회관리(MBWA: *Management by Walking Around*), 문호개방정책(*Open Door Policy*), 커피타임(*Coffee Time*)과 맥주파티(*Beer Party*) 등은 이러한 HP의 경영이념을 잘 나타내주는 프로그램들이다.

이러한 인간존중 프로그램을 바탕으로 HP에서는 구성원 개개인의 자아실현 및 생산성 향상을 위한 교육훈련 기회제공과 복지를 최우선으로 하고, 경영성과를 공평하게 배분하며 전 임직원이 경영책임을 공유하는 독특한 관계를 유지하고 있다. 이는 바로 조직과 개인이 열린 마음으로 서로 신뢰하는 인간관계를 이룩할 때만이 가능한 것이다. 앞서 언급한 것처럼 조직은 개인에 대한 신뢰를 바탕으로 다양한 정책을 통해 구성원 개개인을 존중해 주고, 구성원 개개인은 열정적인 헌신을 다하여 조직의 성장을 일구어냄으로써 조직과 개인이 윈윈(Win-Win)할 수 있는 선순환 구조가 이루어진 것이라고 볼 수 있다.

더불어 구성원 상호간에도 긴밀한 협조정신이 살아있다는 것과 조직으로서의 관료적 타성이 극히 적다는 것도 인간존중을 바탕으로 한 HP

Way의 영향이라 할 수 있다. HP는 세계 어느 곳에 있든지, 한 번도 대화를 나눠보지 못한 직원들끼리 다른 부문의 프로젝트에 대해 개인의 경험이나 어떤 분야의 지식을 배우고자 할 때 주저함 없이 서로 정보를 솔선해서 나누어 갖는 회사의 전통과 분위기는 세계의 어떤 다른 기업에서도 보기 힘든 부분이다.

〈표 3-1〉 HP Way에 따른 HP의 다양한 프로그램들

구 분	내 용
Coffee Time	창업 초창기 패커드 부인이 매일 오전 10시와 오후 3시에 커피와 도넛을 간식으로 직원들에게 제공한 것이 시초가 되어 오늘날까지 직원들에게 무료로 공급
MBO (Management by Objectives)	조직의 목표와 팀의 목표와 연계되는 동시에 고객의 요구에 부합하는 개인의 목표를 설정. 또한 성과를 창출하되 융통성 있고 혁신적인 방법으로 실행하여 조직의 목표에 기여
MBWA (Management by Walking Around)	관리자들이 별도의 사전계획 없이 일상적으로 사무실이나 현장을 순회하면서 공식적, 비공식적으로 이야기를 나누는 개방적 의사소통 방법
Open Communication	HP에서 업무수행의 Key로서 개방적 의사소통을 지향. 개방적 의사소통은 믿음과 존경에 바탕을 둔 고객과의 관계형성 및 강한 팀워크를 만드는 원천이 됨을 지속적으로 강조
Open Door Policy	관리자와 구성원들 사이의 장벽을 없애기 위해 경영진을 비롯한 관리자의 사무실 문을 항상 열어 놓는 동시에 경영진 및 인사담당자에게 어떤 건의나 의견을 제기하더라도 불리한 결과를 초래하지 않을 것을 보장
Profit Sharing System	성과를 분배하고 팀워크를 강조하는 의미에서 세전 이익의 12%를 우수개인이나 그룹에 한정하지 않고 모든 직원에게 지급
VoW (Voice of Workforce)	Best Place to Work를 만들자는 취지로 1년에 한 번 실시하는 설문조사. 익명성 보장을 전제로 사내 웹사이트를 통해 실시되며 최고경영진의 관심도와 중요도가 매우 높음
Work Sharing System	경기불황으로 인하여 업무량이 감소되는 경우에도 구성원을 해고시키지 않고 일자리 나눔을 통해 구성원들 전체의 공동 희생방침을 적용

HP Way 정립 후 현재까지의 변천 모습

이렇게 창업자인 휴렛과 팩커드로부터 시작된 HP Way는 모든 활동에서 다양하게 적용되었으며, 지속적으로 계승되고 발전되어 오늘날까지 이어지고 있다. 무엇보다도 주목할 만한 것은 HP Way가 단순한 경영이념에 머무르지 않고 비전을 달성하고 기본가치를 실천하는 데 적용되는 구체적인 경영스타일과 경영관행 그리고 실제 구성원들의 행동까지 모든 것을 포괄하고 있다는 점이다.

물론 이 탄탄한 HP Way에도 몇 번의 고비는 있었다. 대표적 예로 전 CEO였던 칼리 피오리나(Carly Fiorina)의 사례를 꼽을 수 있겠다. 그녀는 잘 알려진 대로 컴팩(Compaq)과의 합병을 통해 HP의 다양한 2위 제품들이 1위를 차지하게도 하였으며, 아시아 지역에서의 투자를 확대한 결과 델(Dell)을 제치고 1위를 차지하기도 하는 등 많은 성과를 창출하였다.

그리고 적극적인 시장공세를 펼치면서 델(Dell)과 렉스마크(Lexmark)의 저가 프린터 출시에 발맞추어 HP 역시 저가 프린터, 복합기를 시장에 발빠르게 출시하였다. 이때 사용한 전략이 Perfect Enough, 즉 다른 회사들보다 먼저 만든 제품이라면 그 제품의 결함을 먼저 생각하기보다는 빠른 출시를 통해서 시장을 선점하고 구체적 검증은 출시 이후 직접 소비자에게 받자는 전략이었다. 하지만, 이것은 HP의 구성원들에게는 매우 충격적이었다. 사실 이 Perfect Enough 전략은 항상 제품을 꼼꼼히 검증하고 시장에 출시하는 원칙을 고수했던 HP와 그 원칙의 근간에 있는 HP Way에 상반되는 전략이었으며, 이는 HP Way를 소중하게 생각하는 구성원들에게 매우 큰 충격을 준 것이었다.

그리고 피오리나는 합병 이후 1만 7천 명의 대규모 인원감축을 실시했는데 이로 인해 그녀는 무자비하고 잔인한 경영자라는 비난을 받는 동시에 HP에 오랫동안 근무한 직원들에게 HP Way로 대표되는 인간중심의 회사전통을 깨려 한다는 비난 역시 받았다. 물론, 피오리나가 5년 만에 CEO의 자리에서 물러나게 된 것은 실적부진이라는 주요 원인이 있었지만 그녀의 경질 이후 HP측에서 실시한 인터뷰에서도 볼 수 있듯이 그녀의 경영방식이 HP와는 맞지 않는다고 한 점, 그리고 그녀의 경질 직후 〈뉴욕타임스〉가 내놓은 분석에서처럼, 그녀가 회사의 전통인 HP Way와는 다른 경영방식을 취한 것 역시 주요 원인으로 작용했다고 볼 수 있다.

하지만 현재 HP는 이러한 진통 뒤에도 마크 허드(Mark Hurd)라는 새로운 CEO를 등장시켜 새로운 성공신화를 이어가고 있다. 마크 허드는 HP의 10분의 1도 안 되는 내셔널 캐시 레지스터(NCR: National Cash Register Company)라는 현금지급기 제조업체의 CEO 출신이지만, 카리스마를 내세웠던 피오리나와는 정반대로 조용한 성향의 일벌레 스타일인 것으로 알려졌다.

특히 마크 허드는 HP의 창업주였던 휴렛과 팩커드처럼 직원들과 커피를 마시며 담소를 즐기는 것으로도 알려졌다. 이러한 까닭으로 혹자는 피오리나가 훼손했던 HP Way를 복원시키기 위해 마크 허드와 같은 성격의 인물을 CEO로 발탁했다고도 이야기한다. 이렇게 심지어 회사의 지속적인 성장에 가장 중요한 요인인 CEO의 선임과 경질에서도 중요하게 작용되는 HP Way는 HP의 전 구성원을 통해서 다양한 방법으로 실천되고 있으며, 그 명맥이 끊이지 않고 고유의 조직문화로 꽃피우고 있다.

"시작이 반이다"라는 말이 있듯이 이 HP Way는 이미 창업시부터 자연스럽게 그들이 일해 온 방식에 녹아 있었으며 이 경영철학을 꾸준히 계승하고 발전시켜 옴으로써 HP가 초일류기업이 된 원동력이 되었다. 지금도 HP의 구성원들은 창업자의 인간존중 철학을 바탕으로 한 자율적이고도 창의적인 조직풍토를 중요시하면서, HP Way 정신을 오늘도 이어가고 있다.

고유한 것을 절차탁마(切磋琢磨)하다: Toyota Way

1937년 도요타 기이치로(豊田喜一郎)에 의해 창립된 도요타(Toyota) 자동차는 2007년 1분기 전 세계 자동차 판매대수에서 지난 76년간 부동의 1위였던 미국의 제너럴 모터스(GM: General Motors)를 제치고 세계최고의 자동차 기업으로 자리잡았다. 물론 이 성공의 내면에는 수많은 기업들의 벤치마킹 대상이 되었던 적시생산방식(JIT: *Just in time*)과 자동화[*Jidoku*] 방식으로 대표되는 '도요타 생산시스템'(*TPS: Toyota Production System*)이 있었다. 즉, TPS를 통한 생산과정에서의 낭비제거와 효율성 극대화, 원가 및

〈표 3-2〉 2001 Toyota Way 체계도

핵심가치		세부내용
지속적인 개선 (Continuous Improvement)	도전(挑戰)	• 꿈의 실현을 위해 비전과 용기, 창조력을 가지고 도전 – 제조의 핵심으로서 부가가치의 창조 – 도전정신/장기지향/숙고와 결단력
	개선(改善)	• 항상 진화와 혁신을 추구하고 끊임없이 개선에 노력 – 개선혁신 추구/Lean 생산시스템 구축 – 철저한 조직적 학습
	현지/현물 (現地/現物)	• 현지 현물에서 본질을 추구해 신속하게 합의 · 결단하고 실행 – 현지 · 현물주의 – 효과적인 합의형성/실천주의 달성지향
인간성 존중 (Respect for People)	존중(尊重)	• 타인을 존중하고 성실한 상호이해를 바탕으로 상호책임 실현 – 이해관계자(Stake Holder)의 존중/회사와 사원의 상호신뢰, 상호책임 – 성실한 커뮤니케이션
	팀워크 (Teamwork)	• 인재를 육성하고 개인의 힘을 결집시킴 – 인재육성 중시/개인의 인간성 존중과 팀워크의 발휘

재고절감, 동일라인에서의 다차종 생산 등 생산 유연성의 극대화를 통해 강력한 생산 경쟁력을 갖추고 결국 세계 최고의 자동차 기업이 된 것이다.

하지만, 우리가 여기에서 주목해야 할 것은 TPS 그 자체가 아니라 TPS 속에 숨어있는 본질적 정신이다. TPS의 구축과정은 지속적인 개선[*Kaisen*] 과정이었으며 이는 곧 문제해결 과정이라 할 수 있는데 이는 사람을 중심에 두었기 때문에 가능한 것이었다. 즉, 구성원 개개인의 문제발견과 해결이 모여 조직학습의 원천이 되고, 조직학습은 그러한 개선을 위해 다시 개개인의 지속적이고도 자발적인 참여를 필요로 하게 되는 것이다. 바로 이러한 것들이 TPS 저변에 암묵적으로 깔려 전해져 오던 도요타의 정신이자, 도요타의 지속적 성장 및 초일류기업으로서의 본질적 성공요인이라고 할 수 있다.

Toyota Way의 형성배경

2001년 도요타의 CEO인 조 후지오(張富士夫)는 도요타의 현지생산거점이 본격적으로 가동하기 시작하면서 드러나게 된 글로벌 도요타의 정체성 문제를 해결하기 위해 가치관과 조직문화의 공유를 강조하면서 창업 당시부터 암묵적으로 전해져 오던 도요타식 혁신방법을 정리하여 '2001 Toyota Way'로 정립했다.

> 도요타 정신은 지금까지 의식이나 인식에 남아있지만, 명시화 · 명문화되어 있지 않았으며 또한 일반적 상식으로 여김에 따라 논리적으로나 체계적으로 이해하지 않은 경우가 많았다. 그러한 암묵지의 신념이나 가치관, 기법을 유지 · 전승 · 진화시키는 것이 글로벌 도요타의 발전에 대단히 중요한 일로 부각되고 있다. 특히, 지역적 · 사업적 확대 속에서 경영상 신념이나 가치관의 공유가 글로벌 도요타의 정체성 확보를 위해서는 필수불가결하다.
>
> —2001년 4월 도요타 CEO 조 후지오

이렇게 Toyota Way는 기업 내에 흐르는 가치관, 행동규범, 사고방식 등을 다시 추상화하고 개념화한 것으로서 철학 · 프로세스 · 협력관계 · 문제해결 등 도요타의 전 구성원들이 공유해야 하는 가치관과 행동양식을 체계한 것이다.

이러한 내면적 가치의 체계화를 통한 규범체계의 확립은 도요타 성장의 DNA로서 역할을 하며 현재 도요타가 당면하고 있는 가장 큰 이슈인 글로벌화 추진과 글로벌 경영활동의 통합수단으로 활용되고 있다.

Toyota Way의 주요 내용

Toyota Way는 두 가지 핵심가치로 이루어져 있는데, 기존 TPS의 중심에 있던 '지속적인 개선'(*Continuous Improvement*)이 첫 번째 핵심가치이고, 지속적인 개선을 하는 주체로서의 사람을 중시하는 의미에서 '인간성 존중'(*Respect for People*)이 다른 하나이다.

먼저 '지속적인 개선'은 도입부에서 언급했듯이 인간중심의 풍토에서 회사의 경쟁력을 구축해가는 과정을 말한다. 따라서 인간성 존중이라는 또 하나의 핵심가치와 연계되어 있음을 알 수 있다. 오늘날 세계에서 가장 경쟁력 있는 기업인 도요타가 가장 두려워하고 있는 적은 바로 도요타 자신이라고 한다. 혹시라도 자만에 빠져 게을러질까봐 계속 스스로를 채찍질하고 있는 것이다. 평소에 건강해야 위기의 순간에 잘 견뎌낼 수 있다는 것을 과거의 경험을 통해 잘 알고 있기 때문에 한시라도 경계수위를 낮추지 않고 있다. 마른수건이라도 가만히 두면 공기중의 습기를 머금기 때문에 정기적으로 짜줘야 한다는 것이 바로 지속적 개선의 기본바탕이다. CEO인 조 후지오가 "인간의 지혜에는 한계가 없다. 따라서 '개선'[*Kaisen*]은 모든 측면에서 추진되어야 할 과제인 동시에 영원한 경영테마이다. 현상에 만족하지 않고 언제나 개선에 매달릴 수 있는 기업풍토를 조직 내에 확립해야 하고, 이와 같은 풍토를 바탕으로 개선을 실천에 옮길 수 있는 인재를 양성해 나가는 것이 중요하다"고 언급할 정도로 지속적인 개선은 도요타의 일하는 방식이자 주요한 조직문화이다.

다음으로 '인간성 존중'은 기본적으로 기계의 가치가 인간의 가치를 능가할 수 없으며 숙련된 기술을 수행하는 인재야말로 장기적 관점에서 기업의 진정한 자산이라는 것을 의미한다. 실제 인간에 대한 이해가 기업의 성장을 지속시키는 원동력이라는 인식과 기계의 역할과 인재의 역할을 명확히 구분하여 정의하는 암묵적인 조직문화는 명문화되기 이전부터 존재하였으며, 이 정신이 구현된 것이 도요타만의 독특한 인재육성 방식이다. 실제 도요타는 차를 만들기 전에 사람을 만들라는 구호를 통해 이러한 정신을 표현하고 있으며 이러한 인간성 존중의 기본틀 위에 종신고용이 보장되었고, 임직원들은 가족 같은 분위기 속에서 상호신뢰가 형성되면서 학습하는 조직을 탄생시킬 수 있었다. 이 역시 단독으로 수행되는 핵심가치가 아닌 지속적인 개선을 가능하게 하는 원천이라고 할 수 있다.

Toyota Way 정립 후 현재까지의 변천 모습

앞서 살펴본 Toyota Way의 지속적인 개선과 인간성 존중이 가지는 일반적 의미 외에 또 하나 주목해야 할 점은 바로 차별성이다. 실제 도요타는 그들의 경영방식과 조직문화가 미국기업들, 그리고 무차별적으로 미국기업을 모방한 기업들과는 다르다는 것을 늘 강조하는데 이렇게 도요타는 대부분의 기업들이 맹목적으로 지향하는 미국 중심의 글로벌 스탠더드만을 있는 그대로 받아들이는 것이 아니라, 글로벌 스탠더드는 고려하되 도요타만의 색깔이 반영된 도요타만의 길을 지향하고 있다.

그리고 대부분의 기업들이 언급하는 것처럼 주가나 주주이익이 가장 중요한 경영의 기준이자 지향점이 아니라, Toyota Way가 더 중요하다는 것을 거듭 강조한다. 이것은 임직원들에게 가장 중요한 평가기준이 Toyota Way를 얼마만큼 이해하고 있는가라는 것에서도 확인할 수 있다.

이렇게 타 기업들과는 구분되는 Toyota Way가 가장 잘 드러나는 것으로 도요타의 독특한 인재육성 방식을 들 수 있다. 그들은 구미식 글로벌 스탠더드를 추구하다 보면 일본의 인재육성의 장점이 사라질 수 있다는 것을 강조하며 인재육성 제 1의 키워드로 가치관의 전승, 즉 Toyota Way의 전승을 두고 있다. 이렇게 Toyota Way를 전파하기 위해 지난 2001년에 설립된 도요타 인스티튜트(*Toyota Institute*)에서는 미래 경영자를 육성하기 위한 '글로벌 리더 육성 프로그램'이라는 대표 교육프로그램을 운영하고 있다. 이 프로그램의 교육대상자는 전 세계의 직원 중에서 선발된 200명 가량의 소수정예 인력들이다. 그들은 도요타 인스티튜트에 모여서 2주간의 합숙기간 동안 새로운 경영기법이나 늘상 강조되는 리더십을 배우는 것이 아니라, 도요타의 경영철학이자 조직문화인 Toyota Way에 대해서 집중적으로 배우게 된다. 여기에는 CEO를 비롯한 다양한 본사 임원들이 모두 참석하여 직접 강연을 실시하며, 강연이 끝난 후에도 참가자들끼리 모여 Toyota Way를 지역마다 다른 경영환경에 어떻게 적용할 수 있을지에 대해 토론하며 보고서를 작성하는 활동 등으로 이루어진다. 이 과정을 수료한 글로벌 인재들은 본사의 철학과 조직문화, 즉 Toyota Way를 제대로 이해하고 그에 맞게 행동하며 일할 수 있다는 점에서 자신감을 가지게 되었다고 말한다.

이렇게 도요타는 오랫동안 그들에게 내재되었고 구성원들의 정신 속에 깊이 새겨진 도요타만의 고유의 색깔을 지켜나가며, Toyota Way라는 큰 틀 속에서 오늘도 새롭게 갈고 닦아 실천해 나가고 있다.

달리는 말에 채찍질을 가하다: GE Way

1878년 발명왕 토머스 에디슨(Thomas Edison)에 의해 설립되었던 에디슨 전기를 모태로 탄생된 제너럴 일렉트릭(GE: General Electric)은 현재 세계에서 가장 존경받는 기업으로 주목받고 있는 대표적 글로벌 기업이다. 특히 GE는 1896년 다우존스 산업지수가 발표한 미국의 12개 우량기업 중

〈표 3-3〉 GE의 4대 행동지침과 8대 핵심가치 및 주요 내용

행동지침 (Actions)	핵심가치 (Values)	주요 내용
Imagine	Curious Passionate	GE는 창업 이래 아이디어라는 거대한 힘을 통해 세상을 바꾸어 놓았다. Imagine은 단순한 발명보다 자유롭게 상상할 수 있는 능력을 부여한다. Imagine은 무엇보다도 자신감을 갖도록 하며, Imagine을 통해 어떤 일이든 할 수 있게 되는 것이다.
Solve	Resourceful Accountable	우리가 왜 존재하는가에 대한 기본적 질문에 GE는 가장 심플한 답을 갖고 있다. 우리는 우리의 고객, 커뮤니티, 사회 그리고 우리 자신들이 갖고 있는 문제를 해결하기 위해서 존재한다.
Build	Teamwork Committed	0에서 50억 달러의 수입을 5년 안에 만들어 내는 것이 우리의 미래비전은 아니다. 우리가 추구하는 목표는 최종적 도착지가 아니라 단지 성장을 위한 지속적인 과정일 뿐이다. 우리가 바라보는 미래를 창조하기 위해서는 오직 한길밖에 없다. 바로 많은 사업을 건설하는 것이다.
Lead	Open Energizing	Imagine, Solve, Build보다 더욱 중요한 것이 Lead이다. Lead에는 반드시 책임감이 따른다. 책임감은 상황을 유지하고 관리하는 것이 아니라 변화를 일으키고 대응할 수 있는 책임감을 의미하는 것이다. 변화를 추진하기 위해서 가장 필요한 핵심적 요소가 바로 Lead인 것이다.

현재까지 생존한 유일한 기업이다.

GE하면 떠오르는 것이 바로 잭 웰치(Jack Welch) 전 CEO인데, 그는 뛰어난 리더십으로 취임 직후부터 성장엔진에 시동을 건 뒤 18년 동안 무려 25배의 시장가치를 창출해내 GE를 세계 최초로 시장가치 3천억 달러가 넘는 회사로 만들었다. 이러한 경영성과 이외에 잭 웰치의 또 다른 뛰어난 업적으로 평가받는 것이 바로 조직의 구조적 변화와 더불어 향후 다가올 글로벌 경쟁시대를 미리 대비하기 위한 새로운 기업문화 창조, 즉 GE Way의 기반을 마련했다는 것이다.

잭 웰치가 성공적으로 기업문화의 변혁을 통한 성장을 이룩한 이후, 새로운 CEO로 임명된 제프리 이멜트(Jeffrey Immelt) 역시 그의 경영철학을 바탕으로 GE의 가치체계와 조직문화를 대폭 개편하였는데 이는 잭 웰치 시절과는 다른 방식, 즉 조직문화 혁신(*Cultural Revolution*)이라는 말로 표현되는 유기적 성장문화를 강조함으로써 GE의 성공신화를 잘 이어가고 있다는 평을 받고 있다.

전임 CEO였던 잭 웰치는 취임 직후 본인의 진두지휘 아래 모든 GE사업의 본격적인 구조조정에 착수했다. 잭 웰치의 이러한 GE개혁과 구조조정에 대해 많은 사람들은 전통적인 미국의 기업경영방식을 파괴하는 것이라고 혹평했으나, 당시 급격한 변화의 시대를 예견한 톰 피터스(Tom Peters)는 잭 웰치의 개혁이 단순한 미친 짓이 아니라 다가오는 새로운 경쟁 패러다임 속에서 기업이 살아남을 수 있는 생존방법이며, 새로운 조직과 기업문화를 탄생시키기 위한 창조적 파괴라고 평가했다. 그는 앞으로 세계의 많은 기업들은 이러한 잭 웰치의 방식, 즉 기업의 틀을 근본적으로 바꾸는 구조조정과 개혁을 생존전략으로 배우지 않고서는 살아남지 못할 것이라고 예견했다.

하지만, 이런 GE의 초기 개혁이 순탄한 것만은 아니었다. 수많은 내부 저항에 부딪혔으며 여러 번의 시행착오를 겪어야만 했다. 그럼에도 불구하고 GE의 개혁이 성공할 수 있었던 것은 최고경영자의 개혁과 변화추구에 대한 의지가 확고했으며, 또한 모든 GE 구성원들에게 개혁의 비전을 제시하고 이를 끊임없이 설득함으로써 전체 GE 구성원들이 하나의 목표와 가치관을 공유하도록 하는 데 성공할 수 있었기 때문이다. 잭 웰치는 이러한 새로운 열린 기업문화의 구축을 위해 워크아웃(*Work-out*) 운동을 전사적으로 확산시켰다. 너무나도 유명한 이 워크아웃 운동은 전 구성원들의 사고와 일하는 방식을 바꾸었으며 기업을 경영하는 새로운 기업문화로 정착되었을 뿐 아니라, 지금까지도 이어져 내려오는 GE의 기업문화 구축의 시발점이라 할 수 있다.

오늘의 새로운 GE가 탄생된 것은 기업 하드웨어의 구조조정과 개혁결과뿐만이 아니라 잭 웰치가 모든 열정을 투입했던 기업의 소프트웨어인 기업문화의 구축이 함께 추진되었기 때문이라고 평가받고 있다. GE가 추구한 기업문화는 철저한 경쟁원리와 개인의 창의력 및 인간존중이 공존하는 '열린 기업문화'가 그 핵심에 있다. 이렇게 열린 기업문화로서 GE Way가 정립되고 추진됨에 따라서 조직 속의 모든 장벽이 제거되고 관료적 관습과 사고방식이 철저하게 배제된 기업풍토를 바탕으로 조직의 구성원들은 자신의 의견과 아이디어를 자유롭게 주장할 수 있고 이를 실천할 수 있는 기회가 주어지게 되었다. 직위와 소속에 관계없이 조직원 모두가 경영에 참여할 수 있게 된 열린 기업문화는 개인의 창의력과 잠재능력을 최대한 발휘할 수 있게 했으며, 개인의 성취감과 주인의식을 통해 GE를 가장 강한 기업으로 재탄생할 수 있게 했다. GE를 세계에서 가장 경쟁력 있는 회사로 가꾸기 위해 지구상에서 가장 비관료적이고 장벽이 없는 회사로 만들어감으로써 인적 자원을 최대한 임파워먼트하는 것을 경영이념으로 삼고 있다.

GE Way의 주요내용

GE Way의 근간을 이루는 핵심가치는 변함없이 일관되게 추진되었다기보다는 GE가 처한 상황에 맞게 계속해서 진화되었다. 특히 잭 웰치는 1990년대 더욱 급격한 환경변화 속에서 매년 핵심가치를 리뷰하여 GE의 가치를 재조정해 나갔다. GE 핵심가치의 변화를 살펴보면 먼저 1984년부터 2000년까지는 Vision & Goals, Passion · Commitment, Energy · Speed, Boundaryless, Empowerment, Integrity, Change, Global Mind

〈표 3-4〉 GE 핵심가치의 변화과정

구분	창업당시	1982	2003	2004
CEO	토머스 에디슨 (Thomas Edison)	잭 웰치 (Jack Welch)	제프리 이멜트 (Jeffrey Immelt)	
핵심가치	3대 철학 (3Philosophies)	9대 핵심가치 (9Values)	10대 핵심가치 (10Values)	4대 행동지침(4 Actions) 8대 핵심가치(8 Values)
특징	단순 명료	매년 수정보완 및 교체를 통해 지속적으로 진화 발전		Value와 Action으로 가치체계 2원화
슬로건	Progress is Our Most Important Product	We Bring Good Things to Life		Imagination at Work

Set · Diversity, 6 Sigma Quality 등 총 9가지 핵심가치가 있었으나, 2003년에는 Integrity, Performance, Change라는 GE 전통의 세 가지 핵심가치 외에 Passion for Our Customer, Meritocracy, Growth Driven · Globally Oriented, Every Person · Every Idea Counts, Play Offense, Embrace Speed and Excellence, Living the Hallmarks of GE Leadership이라는 7가지의 핵심가치가 더해져 총 10개로 정리되었다.

그리고 2004년 다시 한번 제프리 이멜트의 경영철학을 중심으로 GE의 가치체계는 대폭 개편되었다. 또한 그 형태에서는 서술식으로 나열된 기존의 가치표현방법 대신 전 구성원들에게 공유가 용이하도록 단어중심의 구조화된 형태로 재정립하였다.

이러한 GE의 핵심가치 개편작업은 우선 GE 각 분야의 핵심임원으로 개발팀을 구성하여, 1년간 GE 임직원을 대상으로 핵심그룹 인터뷰를 실시하여 이루어졌다. GE는 새로운 경영환경과 경영철학을 반영하여 기존 10대 핵심가치 중 불변의 진리라고 생각되는 Integrity, Commitment,

Change는 유지하면서 보다 쉽고 의미가 뚜렷한 새로운 GE 언어로 가치체계를 '8대 핵심가치, 4대 행동지침'(*8 Values, 4 Actions*)으로 재편하였다. 참고로 '4대 행동지침'은 '무엇을 해야 하는가'(*What we do*)를, '8대 핵심가치'는 '어떻게 행동할 것인가'(*How we do it*)를 나타내는 것이다. 또한 4대 행동지침의 기저에는 'Integrity'라는 GE의 전통적 핵심가치가 항상 존재함을 명시하였다. 아울러 GE의 경영철학과, 기업문화를 표현하는 슬로건을 종래의 'We Bring Good Things to Life'에서 'Imagination at Work'로 변경하였다.

GE 역시 앞서 이야기한 GE의 핵심가치를 전파하고 GE Way를 전개해 나가는 과정에서 다양한 기업문화 실천 프로그램이자 경영혁신 프로그램

〈그림 3-2〉 GE의 기업문화 구축과정

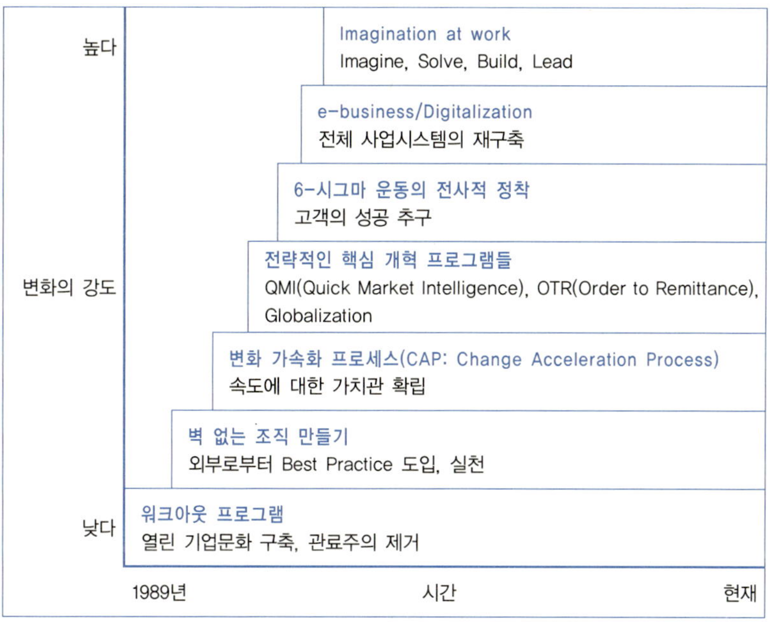

들을 운영해왔다. 이는 1980년대 말 타운미팅을 활용한 워크아웃(*Work-Out*)으로부터 시작해서 1990년대 중반의 '변화 가속화 프로세스'(CAP: *Change Acceleration Process*), '벽 없는 조직'(*Boundarylessness*) 그리고 가장 최근의 'Imagination at Work'에 이르기까지 다양한 프로그램들을 순차적으로 운영하여 체계적으로 기업문화를 전개하여 실행하였다. 중요한 것은 〈그림 3-2〉에서도 볼 수 있듯이 각각의 프로그램들이 유행을 따라 당시에만 반짝 시행된 것이 아니라 모든 프로그램이 지금까지 계속적으로 진행되며 새로운 것들이 추가되고 있다는 점이다. 아울러 좋은 것이라면 무조건 받아들여 더욱 발전시킨다는 자세로 모토로라(Motorola)가 먼저 시작한 6시그마(6-Sigma) 역시 GE화하는 데 성공했다는 점이다. 이러한 점들이 바로 GE와 다른 기업들과의 차이점이자 그들의 열린 기업문화가 지속되고 있다는 것을 단적으로 보여주는 예라고 하겠다.

GE Way 정립 후 현재까지의 변천 모습

2001년도 미국기업들의 회계부정 사건 발발 당시, GE 또한 도덕성 시비에 휩싸였다. 이를 계기로 GE는 전략방향의 수정과 함께 핵심가치와 조직문화를 다시 조명하게 되었다. 향후에는 기술혁신이 지속적 성장을 위한 경쟁력이며, 이를 위해 상상력과 혁신적 아이디어가 필요하다고 판단하고, 기존의 인수합병을 통한 성장전략에서 선회하여 내부혁신을 통한 경쟁력 제고를 지향하게 되면서, 미래 GE를 향한 새로운 핵심가치와 조직문화를 재정립하였던 것이다. 이 중심에 있던 사람이 바로 GE의 현 CEO인 제프리 이멜트인데 그는 불리한 여건을 극복하고 잭 웰치와는 다른 자신만의 리더십을 발휘하고 있다는 평가를 받으며 2007년 현재도 GE를 세계 최고의 존경받는 기업으로의 명성을 이어가고 있다.

이렇게 GE가 이멜트 시대에도 지속적으로 성장하고 있는 주된 이유는 내부혁신을 통한 경쟁력 제고를 지향하면서 성과실현의 주체가 되는 조직구성원의 창의성과 혁신역량을 극대화할 수 있는 관리시스템과 조직문화를 구축하기 위해 끊임없이 노력하고 있기 때문이다. 이렇게 창의적인 조직문화를 위한 노력은 상상력 돌파(*Imagination Breakthrough*) 프로젝트 추진을 비롯하여 전 구성원들이 마케터로서의 기질과 창의성을 발휘하도록 분위기를 조성하고 적극 후원, 독려하는 것 등에서 살펴볼 수 있다. 이처럼 계속적인 조직의 성장과 발전을 위해서 GE는 오늘도 현재의 위치에 만족하지 않고 GE Way의 지속적 추구와 개선이라는 채찍질을 멈추지 않고 있다.

조직문화의 쟁점 및 교훈

이상의 세 기업이 가진 조직문화를 형식적 측면과 내용적 측면에서 재조명해 보면 아래와 같은 시사점을 얻을 수 있다.

먼저, 형식적 측면에서의 두드러지는 것은 첫째, 조직문화의 정립과 전파에 대한 최고경영진의 적극적인 참여는 구성원 개개인의 변화에 대한 동기부여 요인으로 작용하는 동시에 해당조직의 이미지를 형성하는 데 큰 영향을 미친다. 이렇게 최고경영진의 의지와 참여는 조직문화의 정립에 대해 조직 내·외부적으로 매우 큰 영향력을 미친다.

둘째, 아무리 최고경영진이 목소리를 높여 조직문화를 강조하더라도 조직문화의 수용 및 실행주체가 되는 조직구성원이 아무런 반응을 보이지 않는다면 아무런 의미가 없을 것이다. 따라서 직원 개개인의 열정적 반응과 참여는 조직문화 성공의 중요한 열쇠라고 할 수 있다.

셋째, 조직문화는 무형의 가치라는 속성상 단기적으로는 조직구성원들이 쉽게 피부로 느끼기가 어렵다는 특성을 가지고 있다. 이로 인해 자칫 잘못 관리하게 되면 조직문화는 단지 선언 수준에서 끝날 수도 있다. 따라서 중장기적 관점에서 조직문화가 구성원들에게 체화되고 지속적으로 살아 숨쉬게 하기 위해서는 구체적 실행 프로그램들이 수반되어야만 한다. 조직구성원들은 조직문화의 특성을 반영한 다양한 프로그램들을 통해 자연스럽게 조직문화에 동화되고 실천할 수 있게 된다.

다음으로 내용적 측면에서 찾아볼 수 있는 것은 첫째, 많게는 100년 이상의 역사를 가지면서도 기업이 최초 설립된 이후 지금까지 사업을 수행해 온 역사를 기억하는 이유는 과거를 통해 새로운 미래를 준비함에 있다. 이와 마찬가지로 조직문화 역시 다가올 미래를 준비하기 위한 강력한 장치라는 점에서 조직이 걸어온 역사와 창업주를 비롯한 경영진의 이념이 녹아들어야 하는 것이다.

둘째, 아무리 성공한 기업이라도 각자 수행하는 사업의 성격과 성공전략 그리고 이를 수행하는 구성원의 특성은 다를 수밖에 없다. 따라서 훌륭한 조직문화는 자신이 처한 상황 등을 고려한 해당조직의 고유한 것들이 반영되어야 한다.

셋째, 아무리 조직문화에 해당조직의 역사와 경영진의 이념 등 고유의 것이 반영되었다고 해도, 변화하는 외부환경에 맞추어 함께 변화하지 않으면 해당조직은 도태될 수밖에 없다. 이는 절대불변의 원칙을 고수하는 경직된 조직문화보다 상황에 따라 유연하게 변화할 수 있는 조직문화를 지향해야 한다는 것을 알려준다.

제 4 장

재정경제부의 조직문화

이제 재경부는 국내외 정책환경의 변화에 직면하여 고품질의 경제정책을 수립하기 위해 다양한 정책고객의 요구에 부응하고 직원들의 글로벌 경쟁력을 강화할 수 있는 조직문화 혁신을 추진하고자 한다. 일하는 방식의 선진화를 통해 재경부 구성원 개개인의 역량개발과 성과를 독려하고 지속적 발전을 위해 구성원의 만족도를 제고할 수 있는 조직문화를 추진하고자 한다. 이러한 재경부 고유의 생산적 조직문화를 '재경부다운 재경부를 위한 혁신의 길'이라는 의미에서 'The MOFE Way'로 명명하였다.

그렇다면 MOFE Way는 어떠한 체계와 방향성을 추구하여야 할 것인가? 이를 위하여 우리는 앞서 조직문화에 대해 이론적으로 고찰하고 해외 선진기업의 조직문화구축 성공사례를 검토함으로써 재경부의 조직문화를 정립하기 위한 방법론적이고 경험론적인 측면에서 고려하여야 할 점에 대해 면밀히 검토하였다.

MOFE Way의 체계는 구성원들의 이해가 용이하도록 크게 가치 · 이념적 요소와 행동 · 관행적 요소로 구분하였다. 그리고 가치 · 이념적 요소는 다시 재경부의 비전과 이를 달성하기 위해 필요한 정신적 측면의 핵심가치로 구분하였다. 재경부의 비전을 최상위에 위치시킴으로써 지금까지 재경부가 추진해 온 제반 활동과의 일관성을 확보하고, 향후 재경부 모든 활동들의 궁극적 목표가 될 수 있도록 하였다.

비전을 달성하기 위한 핵심가치들을 선정함에 재경부 고유의 특징들이 핵심가치에 충분히 반영되도록 했다. 공익을 우선시하고 다양한 정책고객의 수요에 부응해야 하는 특성을 반영하여 '고객을 위한 열정'(*Passion for Customer*)을 선정하였고, 과업지향적 성과주의, 규범과 절차를 준수하려는 엄격함, 결과보다는 진행방법과 과정 중시 등의 특성을 반영하여 일하는 방식에서의 선진화를 포괄하는 핵심가치로 '역량강화'(*Excellence*)를,

〈그림 4-1〉 The MOFE Way 체계도 및 관련 프로그램

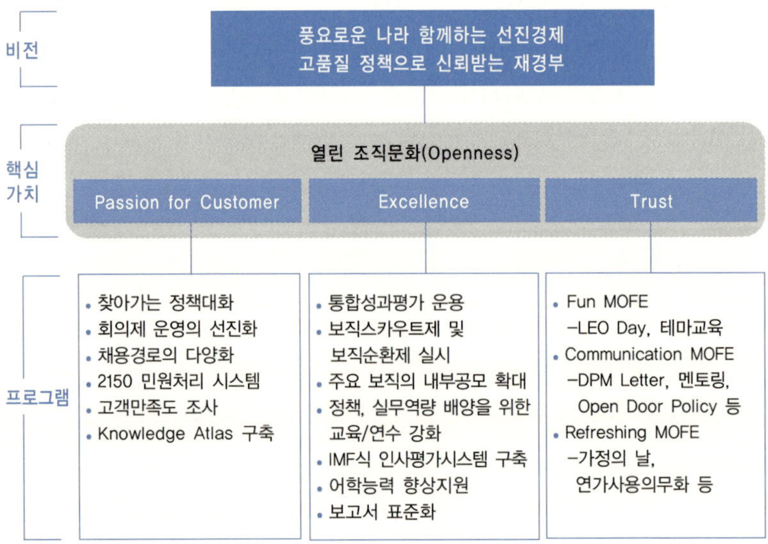

그리고 구성원들의 참여, 평등지향 등의 특성을 반영하여 구성원간 관계 측면에서의 핵심가치로 '신뢰와 인간존중'(*Trust*)을 선정하였다. 이러한 핵심가치들을 포괄하며 재경부가 벽을 허물고 세상 앞으로 당당히 걸어 나가기 위한 기본전제로서 MOFE Way가 지향해야 하는 조직문화를 '열린 조직문화'(*Openness*)로 규정하였다.

다음으로 MOFE Way의 핵심가치를 구체적으로 구현하고 체화하기 위해 행동 · 관행적 요소로 조직구성원들이 준수해야 할 행동규범과 재경부 고유의 제도 및 프로그램들을 담았다. 이에 지금까지 재경부에서 추진해 온 혁신활동들을 MOFE Way로 통합함과 동시에 다양한 우수사례를 검토하여 새로이 추진해야 할 프로그램들을 구체적으로 제시하였다.

제 2부에서는 The MOFE Way를 통해 열린 조직문화를 달성하기 위한 개별 핵심가치들의 의미와 원칙, 그리고 행동규범에 대해 보다 자세히 살펴보도록 한다. 이와 함께 지금까지 재경부내 실행 · 기획되고 있는 다양한 제도와 프로그램들을 핵심가치별로 정렬하여 명확한 추진방향을 설명하겠다.

제2부

MOFE Way의 핵심가치

제 5 장

재정경제부의 열린 조직문화

열린 조직문화(Openness)의 필요성

앞에서 살펴보았듯이, 외부환경의 급격한 변화는 공공기관이 정책고객을 비롯한 공공의 감시에 더 개방적 자세를 취해야 하며 정책고객의 요구와 목소리에 더 잘 대응해야 한다는 과제를 던져주었다. 따라서 이러한 과제들을 해결할 수 있는 열린 정부(*Open Government*)의 개념이 탄생하였으며, 지난 20여 년간 많은 OECD 국가들은 열린 정부의 실현을 위해 부단한 노력을 기울였다.

열린 정부의 특징은 한마디로 개방성인데, 이 개방성은 투명성이라는 단편적 의미를 넘어 보다 다양한 의미를 지니고 있어 실제 열린 정부를 실현시키는 것은 그리 단순한 일이 아니다. 열린 정부의 실현은 기존에 정부가 가진 정보를 공개하기만 하면 되는 것이 아니라 기존 정부시스템의 근본적 변화를 전제로 하기 때문이다. 여기에서의 근본적 변화는 조직을 움직이는 원천인 조직문화의 변화를 뜻하기 때문에 열린 정부 실현에서 가장 중요한 열쇠가 바로 '열린 조직문화의 구축'이 되는 것이다. 이러한 점에서 중앙정부기관으로서의 재경부에 열린 조직문화를 강조하고, MOFE Way의 지향점으로 두는 것은 당연하다 할 수 있겠다.

〈그림 5-1〉 열린 조직문화의 개념

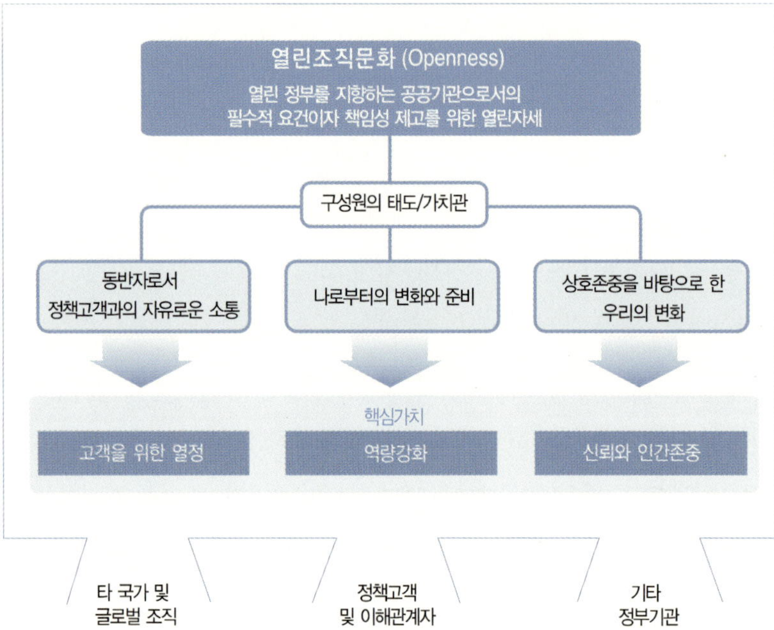

열린 조직문화 구현을 위한 구성원의 태도/가치관

재경부에 있어 열린 조직문화는 공공기관으로서 책임성 제고를 위한 필수적 요건이다. 그리고 재경부 구성원으로서 지켜야 할 태도이자 가치관인 동시에 MOFE Way의 세 가지 핵심가치인 고객을 위한 열정(*Passion for Customer*), 역량강화(*Excellence*), 신뢰와 인간존중(*Trust*)과 연결된다.

동반자로서 정책고객과의 자유로운 소통:
고객을 위한 열정(Passion for Customer)

'열렸다'라는 말을 있는 그대로 해석하면, 외부와 자유롭게 교류한다는 것을 의미한다. 이는 자신만의 세계에 닫혀 자기의 사고를 중심으로 생각하고 행동하기보다는 마음을 열고 외부의 환경, 그리고 그 안의 다양한 사람들과 자유롭게 소통한다는 의미이다. 자유로운 소통은 '나 아니면 너', '동지 아니면 적'이라는 이분법적 사고를 탈피하는 것으로부터 시작한다. 이미 많은 선진기업들은 '공급자 아니면 수요자'라는 이분법적 사고에서 탈피하여 수요자인 고객을 내부화시켜 '프로슈머'(*Prosumer*)라는 신조어까지 등장시키며 고객의 중요성에 대해 강조하고 고객과의 교류를 강조한 지 오래다.

이것은 비단 민간기업만의 이슈가 아니다. 정책공급자로서의 재경부 역시 정책수요자인 국민과 다양한 이해관계자들을 함께 소통해야만 하는 동반자로 여겨야만 하는 상황에 와 있다. 다음에 설명되는 나로부터의 변화(*Excellence*)와 상호존중을 바탕으로 한 우리의 변화(*Trust*) 역시 결국 정책고객을 지향한다는 것을 목표로 하는 것이며, 바로 이것이 MOFE Way가 첫 번째 핵심가치로서 '고객을 위한 열정'을 두는 이유이다.

나로부터의 변화와 준비: 역량강화(Excellence)

열린 조직문화의 의미를 단순히 외부환경과 교류한다는 의미로 해석할 수도 있으나, 진정한 열린 문화는 단순한 교류와 소통 차원을 넘어서 변화와 혁신을 그 전제로 한다. 따라서 열린 조직문화는 개개인에게 많은 변화를 요구하며, 뿌리박힌 고정관념과 편협한 생각들을 과감하게 버리는 것에서부터 열린 조직문화는 운행되기 시작한다.

나로부터의 변화는 무엇인가 준비하는 것에서부터 출발한다. 외부와 자유롭게 소통하는 열린 문화가 누구에게나, 그리고 어떤 조직에게나 좋은 결과를 만드는 것은 아니다. 변화의 필요성을 깨닫고 미리부터 준비한 개인과 조직만이 의미 있는 성과물을 산출할 수 있다. 따라서 준비되지 않은 개인과 조직의 어설픈 개방과 소통은 급속한 도태와 쇠락을 초래하게 된다. 따라서 성급하게 문을 열려고만 하지 말고 열린 문화가 상호간의 성장을 도울 수 있도록 스스로가 먼저 준비하고 훈련해야 한다. 이러한 나로부터의 변화와 변화를 위한 준비를 '역량강화'로 연결하여 최고 수준의 전문성을 지향하고자 한다.

상호존중을 바탕으로 한 우리의 변화: 신뢰와 인간존중(Trust)

정책고객의 만족을 위해서는 나만의 준비로 완성될 수 없다. 재경부 구성원 모두가 함께할 때 열린 조직문화는 완성될 수 있으며, 이는 상대에 대한 인정으로부터 출발한다. 성숙된 조직문화는 자신뿐 아니라 다른 사람의 생각, 추측, 이론에 대한 끊임없는 반성 및 비판을 통해서 만들어질 수 있기 때문이다.

열린 조직문화에서 개인이 지향해야 할 것은 독선과 자기과신이 아니라 남의 말에 귀를 기울이고 잘못을 고쳐나갈 줄 아는 겸손과 이를 바탕으로 한 상호존중의 자세이다. 이런 자세가 보편화될 때 고품질 정책을 위한 합리적 비판과 토론이 이루어질 수 있다. 이것은 역량강화의 추구를 통해 끊임없이 경쟁하면서도 하나의 재경가족으로서의 화합을 이루는 첩경이 될 것이다. 이러한 점을 고려하여 재경부 안에서부터 서로의 벽을 허물고 서로에 대한 존중을 통해 구성원 상호간의 신뢰를 쌓기 위한 열린 조직문화의 완성의 기폭제로서 신뢰와 인간존중을 또 하나의 핵심가치로 두고자 한다.

이렇게 재경부 내에서의 열린 조직문화는 동반자로서의 정책고객과의 자유로운 소통을 지향하며, 나로부터의 준비와 변화, 상호존중을 바탕으로 한 우리의 변화를 실천해 나갈 때 실현될 수 있다. 중요한 것은 그 열린 조직문화로의 변화는 '나'로부터 시작되어 '우리'로 번져나가고, 궁극적으로 외부의 다양한 '정책고객'에게 흘러가는 하나의 자연스러운 흐름인 것이다. 따라서 이 중 어느 하나라도 소홀히 다루어지면 진정한 열린 조직문화는 실현될 수 없을 것이다.

제 6, 7, 8장에서는 열린 조직문화를 위해 새롭게 정의된 핵심가치인 고객을 위한 열정, 역량강화, 신뢰와 인간존중의 세부내용과 이의 구현을 위한 프로그램들을 살펴보도록 하겠다.

제 6 장

고객을 위한 열정
Passion for Customer

정의 및 원칙

고객을 위한 열정의 정의

민간기업에서 근래 들어 가장 많이 회자되며 그 중요성이 더해진 것이 바로 고객지향성 개념일 것이다. 공공부문 역시 고객의 중요성에 대해 인식하고 고객중심적 정책서비스를 제공한다는 측면에서 이 개념을 받아들여 많은 부분에 적용하고 있다. 정책고객을 일의 최상위에 두고 고객만족을 극대화하기 위하여 구성원들에게 권한을 부여하고, 제한된 자원으로 보다 양질의 서비스를 제공하려는 노력이 바로 '고객을 위한 열정'이다. 이렇게 공공부문에서의 고객지향성은 서비스의 질을 중요한 가치로 인식할 뿐 아니라 그것을 성취하기 위하여 동원되는 전략적 기법 역시 경제성과 능률성이 중시된다는 점에서 경영혁신과 유사하다고 볼 수 있다.

기업형 정부 또는 시장형 정부 속에서 재경부가 추구해야 하는 고객지향성의 원리를 민간기업이 추구하는 원리에서 차용한다면 경쟁원리, 책임경영 원리, 효율화 원리, 끊임없는 혁신과 쇄신 원리 등을 꼽을 수 있다. 이런 점들을 고려해 재경부에 필요한 고객지향 행정을 정의한다면, 국민이 정부에 대한 주인이며 동시에 고객인 국민에게 최적의 방법으로 높은 질의 행정서비스를 제공함으로써 국민을 최대한 만족시켜 주는 행정체제라고 할 수 있다. 즉, 정부가 제공하는 서비스에 대한 고객의 만족도를 높이는 것을 의미한다. 이를 위해 정부기관에서도 경쟁원리를 과감히 도입하여 공공서비스를 소비자인 국민이 선택할 수 있도록 하는 소비자 주권주의를 확립할 필요가 있다.

여기서 우리가 짚고 넘어가야 할 것이 있다. 고객지향이라는 것이 세계적 추세이기도 하고 과거 행정이 관 중심적, 관리지향적이었다는 반성에서 나왔다는 점에서 고객지향이 정부가 추진하는 변화와 혁신의 흐름에 필수적이라는 것에는 이견이 없다. 하지만 재경부의 서비스는 특수 이해집단이 아닌 국민경제 전반을 고려해야 한다는 점, 다양해진 정책고객의 특성과 요구를 모두 완벽하게 충족시키기는 어렵다는 점 등이 고려되어야만 한다.

이런 속성들을 종합해 볼 때, MOFE Way의 핵심가치인 고객을 위한 열정이란 정책고객을 일의 최상위에 두고 정책 서비스의 질 향상을 통해 고객만족을 극대화할 수 있는 고객에 대한 열정으로 정의되며, 적극적인 '대응성', 대응의 '효율성', 공익을 추구하기 위한 '공정성'으로 설명될 수 있다.

〈그림 6-1〉 고객을 위한 열정의 키워드

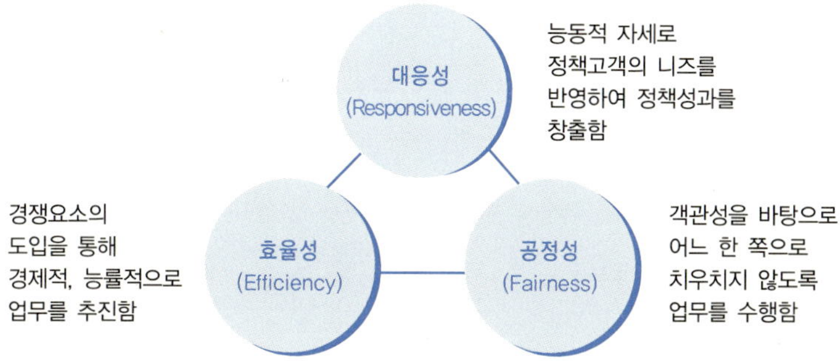

고객을 위한 열정의 키워드: 대응성, 효율성, 공정성

∴ 대응성 (Responsiveness)

공공기관이 가져야 하는 대응성을 일반적 의미로 해석하면 행정이나 정책이 고객의 요구에 얼마나 잘 부응하며, 고객이 원하는 일에 대해 얼마나 잘 반응하는가와 관련된 것이다. 대응성이란 한마디로 고객을 도우려는 능동적 자세라고 할 수 있다.

서비스 제공자인 공무원의 활동과 서비스 수혜자인 국민의 양 측면 중 어디에 중점을 두느냐에 따라 대응성은 달리 해석될 수 있다. 그런데 통합적 관점에 따르면 시민이나 공무원 어느 한 측면만을 강조한 것이 아니라 양자가 서로 균형을 이루면서 공공정책에 대한 문제를 함께 인식하고 그 결정에서 공통의 이해를 도출하며, 각자의 활동과 기대를 상호작용을 통해서 조정하는 것이 바람직하다고 보고 있다.

재경부도 지금까지의 정책고객에 대한 대응이 일방적으로 리드하는 전문가 책임모델 쪽에 가까웠다면, 지금부터의 대응은 정책고객과의 소통 강화란 측면에서 보다 국민의 입장을 고려함으로써 통합적 모델로 나아가는 것이 바람직하다고 본다. 이런 통합적 모델의 관점에서 재경부의 대응성을 재정의한다면, 정치, 행정체계가 환경의 요구에 얼마나 민감하게 반응하는가를 가리키는 것으로, 재경부의 정책목표가 정책집단 및 수혜자들의 요구에 얼마나 부응하며, 정책성과가 얼마나 만족스러우냐 하는 것으로 개념지을 수 있다.

∷ 효율성 (Efficiency)

정부부처인 재경부에 민간개념의 효율성을 도입해야 하는 궁극적 이유는 행정 전반의 효율성을 높이고 이를 통해 성과를 제고시킴으로써 정책고객의 만족도를 높이고자 하는 데 있다.

일반적으로 민간부문의 경제적 효율은 정부부문보다 높다. 이는 과거에 민간기업에 근무하는 인력의 근무강도와 부가가치 창출 능력이 정부부문보다 높았기 때문이다. 민간부문의 효율이 높은 보다 근본적 이유는 바로 경쟁의 원리 때문이다. 과거 경쟁보다는 독점적 지위를 보장받았던 정부부문은 상대적으로 효율을 높이기 위한 노력이 부진할 수밖에 없었다. 하지만, 사회의 모든 부문이 필연적으로 경쟁할 수밖에 없고 그 안에서 경쟁력을 가져야 살아남는 요즘 시대에는 공공부문 역시 다양한 방법을 통해서 경쟁요인을 도입하고, 그 안에서 효율성을 높이기 위한 노력들을 기울여야만 한다.

공정성 (Fairness)

공공기관은 공공질서 확립을 위해 특수의 이익이 아닌 공공의 이익을 우선시해야만 한다는 뚜렷한 목표를 가지고 있다. 공익을 추구하기 위해 공공기관은 정책이라는 수단을 통해 사회를 조정하고, 소외됨 없이 모두가 균형 있게 발전해 나갈 수 있도록 하는 역할을 수행한다. 특히, 경제발전이 국가의 가장 중요한 과제인 우리나라에서 경제정책을 총괄하는 재경부의 역할은 더욱 그러하다.

이런 의미에서 공정성은 객관성을 바탕으로 어느 한 쪽으로 치우치지 않도록 업무를 수행하는 것을 이른다. 아울러 업무를 처리함에 있어 편견을 배제하고 누구에게나 정확한 서비스를 제공해야 한다는 의미도 내포하고 있다. 이렇게 다양한 정책고객에 대해 불편부당하게 서비스를 제공함으로써 서비스의 수혜자인 정책고객은 재경부를 더욱 신뢰하게 될 것이다.

고객을 위한 열정의 행동원칙

〈그림 6-2〉 고객을 위한 열정의 행동원칙

바람직한 행동 (DOs)

· 정책고객의 잠재된 기대를 뛰어넘는 정책서비스를 제공한다.
· 정책고객이 제기하는 문제를 회피하기보다 직접 부딪혀서 해결하고야 만다.
· 정책고객 쪽에서 요청이 오는 것 (메일, 전화 등)을 최우선적으로 처리한다.
· 정책고객과 늘 직접 이야기하면서 그들이 진정 원하는 것을 파악한다.
· 최소의 투입으로 최대의 효과를 가져올 수 있도록 업무처리상의 낭비요인을 찾아 제거한다.
· 자신의 업무성과를 항상 정책고객의 관점에서 판단하고 평가한다.
· 균형된 관점으로 업무를 수행하고 있는지 늘 자문해 본다.

Passion for Customer

바람직하지 않은 행동 (DONOTs)

· 정책고객이 요청하는 사항에 대해서 실행이 어렵다고 이야기한다.
· 정책고객의 범위와 정책고객에게 할 수 있는 일을 스스로 한정 짓는다.
· 업무가 바빠서 정책고객과 이야기할 시간이 없다고 생각한다.
· 정책고객과 관련해서 미리 처리해야만 할 것들의 우선순위를 미룬다.
· 실질적인 업무추진을 하지 않고 계획수립에만 치중한다.
· 겉에 보이는 형식적 측면만을 중시하여 어떻게 하면 겉으로 더 좋게 보일까를 우선적으로 생각한다.
· 업무결과로 인해 피해를 보는 사람은 반드시 생길 수밖에 없다고 단언한다.

대표적인 제도 및 프로그램

찾아가는 정책대화

'찾아가는 정책대화'란 정책 실효성을 높이기 위해 주요 정책을 추진할 때 권역별 현장방문단, 업계 간담회 등을 통해 현장과 국민의 의견을 수렴해서 반영하는 재경부 내 대표적인 고객만족 프로그램이다. 이는 정책을 수립하고 집행하는 과정에서 정책수요자 및 이해관계자의 목소리에 귀를 기울여 그들의 입장을 충분히 수렴한다는 취지와 더불어 정책의 품질 제고는 물론 정책의 절차적 정당성을 확보한다는 목적으로 실시되고 있다.

따라서 2006년 8월부터 12월까지 서비스산업 경쟁력 향상 대책을 위해 주요 경제단체, 관련업계, 지자체 및 소관부처로부터 정책건의를 다각도로 수렴한 후 관계부처 협의를 통해 대책을 확정했다. 그리고 2006년 9월에는 부총리가 직접 재래시장 및 중소기업을 방문하여 서민들이 느끼는 체감경기 및 재래시장 활성화 방안, 그리고 중소기업의 애로사항 등을 듣는 시간을 갖기도 했다. 또한 지난 2007년 3월과 4월에 걸쳐서 기업환경 개선대책의 일환으로 전국을 권역별로 나누어서 총 14개 산업단지를 방문하고 70여 개 기업과 간담회를 실시했다.

과거에는 비정기적이고 자율적으로 실시되던 '찾아가는 정책대화'는 각 실국별로 연 5회 이상 정책현장을 방문하도록 하는 동시에 그 결과를 통합성과 평가와 연계시킴으로써 재경부 내 주요한 고객만족 프로그램으로 정착되었다. 또한 정책자문평가위원회의 인원수를 늘리고 거시 · 금융 · 재정 · 대외 등 4개 분과로 구분된 소위원회를 구성하여 수시로 모임을 갖고 현장점검 및 워크숍을 갖는 등 정책자문평가위원회를 내실화하여 경제정책 전반에 대한 자문 및 의견을 수렴할 수 있는 기회를 확대해 나가고 있다.

〈그림 6-3〉 2007년도 기업환경 개선대책 관련 지역별 간담회 실시현황

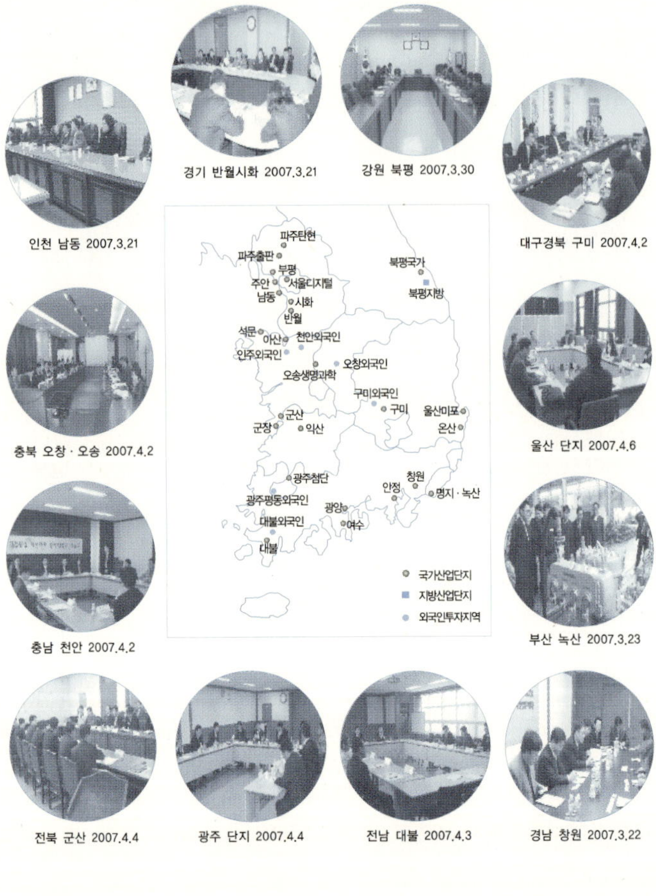

국세심판원: 찾아가는 대민서비스, 지역순회심판제

국세에 대한 납세자의 심판청구사건은 2000년 3,413건에서 2006년 4,757건으로 급속하게 늘어났다. 청구건수의 증가와 함께 청구내용도 복잡해졌다. 따라서 사건심리 과정에서 납세자가 자신의 주장을 충분히 진술할 수 있는 기회가 필요했다. 심판관들은 납세자의 입장에서 억울한 사정은 없는지를 파악해 심판결정에 반영할 필요가 있기 때문이다.

이는 국세기본법 제58조 "납세자의 의견진술"과 제76조 "국세심판관의 질문 · 검사"항목에서 규정하고 있다. 그러나 서울이나 수도권이 아닌 지방에 거주하는 영세납세자의 경우 여러 사정으로 인해 심판결정에 참여하기가 쉽지 않은 것이 현실이었다.

지방에 국세심판원 분원이나 출장소가 설치되면 해결될 수 있는 사안이지만, 심판원 조직의 확대나 인력의 증원에는 예산이 절대적으로 필요하기 때문에 일시에 해결될 사안은 아니었다. 이에, 국세심판원은 새로운 방법을 모색하고 2004년 6월부터 지역순회심판제도를 운영하기로 했다.

지역순회심판제도는 순회심판팀이 지방의 납세자를 찾아가 의견을 청취하고 사실관계를 확인하는 제도이다. 부산지역에서 처음 실시한 지역순회심판은 공급자 위주의 심판행정에서 수요자 위주의 행정서비스 제공으로 패러다임을 전환하는 계기가 되었다. 이후 광주, 대구, 대전, 전주지역으로 지역순회심판 대상지역을 점차 확대했고, 2005년부터는 매년 10~13회에 걸쳐 정기적으로 지역순회심판을 실시하고 있다.

2006년 실시한 41건의 지역순회심판사건의 인용률은 41.5%(건수대비)로 심판청구사건 자체인용률 27.3%에 비해 높은 것으로 나타난다. 청구인이 의견진술한 사건의 인용률도 2006년 49.7% 및 2007년 5월 말 55.1%로 늘어나 하반기부터 심판원 홈페이지 개편을 통해 인터넷 지역순회심판 사전예약제를 도입해 접근성과 편의성을 향상시킬 계획이다.

참고: 3년간 지역순회심판 의견진술 확대 실적

	2005년	2006년	2007년(목표)
지역순회심판	10회	13회	13회
의견진술비율	–	12.9%	20%

2-1-5-0 민원처리 시스템

재경부는 정책고객의 만족도 제고와 국민들의 요구에 부응하는 수요자 중심의 민원서비스를 실현하기 위해 종합민원실을 설치하였으며, 2-1-5-0 민원처리시스템이라는 독특한 이름의 맞춤형 답변서비스를 운영하고 있다.

그리고 '2-1-5-0 민원처리시스템'은 신속한 민원처리가 목적인 민원유형별 맞춤형 답변 서비스를 일컫는데, 여기에서 2-1-5-0이란 민원이 접수된 지 2시간 이내에 답변을 하고, 정책성 제언이나 문의 및 유형화된 질문에 대해서는 1일 이내로 답변을 하며, 법령이나 유권해석 등 보다 구체적인 검토가 필요한 민원에 대해서도 최소한 5일 이내 답변을 하는 것을 말한다. 그리고 모든 민원의 접수와 처리과정은 홈페이지를 통해 실시간(0시간)으로 확인할 수 있게 하는 것을 이른다.

2005년 4월 설치된 종합민원실은 지난 2년간 총 12,586건의 인터넷 민

〈그림 6-4〉 2-1-5-0 민원처리시스템

2 민원이 접수된 시간부터 '2'시간 내에 처리방향 통보

1 단순처리가 가능한 사항은 '1'일 내로 최종답변을 제공

5 다소 복잡한 처리 건수는 '5'일 내 최종답변을 제공

0 인터넷에서 처리사항을 실시간으로 확인 가능하게 함

원을 접수하여 처리하였으며, 그 중 5일 이내의 민원 처리율은 93.1%를 기록하고 있으며 지속적으로 그 비율이 높아지는 추세다(2005년: 90.9% → 2006년: 94.8% → 2007.1~4월: 95.3%). 아울러, 토요휴무제가 시행됨에 따라 민원인들의 불편을 해소하고자 2005년 7월부터는 토요민원상황실을 별도 운영하고 있다.

이 밖에도 종합민원실 주관으로 외부 전문용역기관에 의뢰하여 일반 및 인터넷 민원인의 체감 만족도를 평가하는 등 부서별 민원만족도를 수시로 모니터링하고 있다. 이 결과 역시 통합성과 평가와 연계해 구성원들에게 정책고객과 민원서비스의 중요성에 대해 지속적으로 강조하고 있다.

고객만족도 조사

재경부는 여러 민간기업에서 일반적으로 실시하고 있는 '고객만족도 조사'의 개념과 취지를 일찍이 받아들여 정기적으로 정책고객의 소리를 청취하고 그 결과를 정책에 피드백 하는 방식의 고객만족도 조사를 운영중이다.

고객만족도 조사는 외부 업무유관자의 만족도 조사와 주요 정책과제에 대한 만족도 조사로 구분되는데, 외부 업무유관자의 만족도 조사는 청와대, 국회, 언론, 민간 연구기관 등 재경부 외부에 있는 다양한 업무관련 조직 및 개인이 재경부 국장급에 대해 조사하는 것을 말한다. 외부 업무유관자 만족도를 국장급의 업무수행능력, 태도, 협력도 등으로 1년에 한 번 실시하여 통합성과 평가에 반영함으로써 정책관련 업무를 책임지는 국장급의 책임의식을 제고하는 동시에 이를 통해 정책고객에 대한 서비스 질

〈표 6-1〉 부서별 고객만족도 제고 프로그램

구 분	내 용
국세심판원	'납세자와 함께하는 심판서비스' 구현을 위해 IT기술을 이용하여 심판기간 단축, 처리과정에 대한 청구인의 접근성 제고 (컨퍼런스 콜, 지역순회심판제) 등 도모
국고국	G2B 시스템을 통해 모든 재정관련 대금고지 · 납부를 온라인으로 청구 · 지급토록 하는 '재정수입 · 지출의 실시간 관리체계'를 구축하여 대국민 편의 제고
금융정보분석원 (FIU)	협의거래정보에 대한 입체적 분석을 가능하게 하는 '통합연계정보분석시스템'을 구축, 내부고객인 심사분석 인력과 외부고객인 수사기관의 업무편의를 제고

을 제고하고 있다. 그리고 현재 실시하고 있는 국무조정실 주관의 고객만족도 평가를 최대한 활용하여 일반국민, 전문가, 관계부처로 고객을 세분화하여 각각의 고객만족도도 별도 조사할 예정이다.

이와 함께 재경부 차원에서 실시되는 고객만족도 조사와는 별도로 부서별 특성을 감안하여 직접적이고 구체적인 고객의 목소리를 체감할 수 있는 각 부서별 고객만족도 제고 프로그램을 운영중이다.

회의제 운영선진화

재경부가 수행하는 업무의 성격상 각 부처의 조정역할이 강하다 보니 타 중앙부처에 비해 회의가 많은 동시에 의제가 중요한 경우가 많다. 이에 재경부는 지난 2006년 실시한 거버넌스 개선의 일환으로 회의제 운영선진화 방안을 내놓았으며, OECD · IMF 등 국제기구의 회의운영 사례를 벤치마킹한 주요 회의운영지침 수립, 회의시간 제한, 기록지원서비스팀 운영 등 총 세 가지 방안을 시행중이다.

회의제 운영선진화의 궁극적 목적은 회의운영 방식을 합리화 · 공식화하여 토론과 의사결정을 선진화하고, 정책관련 주요 회의 내용을 기록함으로써, 재경부 내 기록문화를 정착하는 동시에 의사결정과정의 책임의식과 투명성을 강화하는 데 있다.

회의제 운영선진화를 위한 첫 번째 방안은 경제정책조정회의와 대외경제장관회의의 운영지침을 마련한 것이다. 운영지침의 몇몇 특징적 부분을 살펴보면, 먼저 안건분류를 체계화시켰다는 점을 들 수 있는데, 이는 안건의 성격에 따라 의결안건, 토의안건, 보고안건으로 안건과 회의를 구분하고 그에 맞는 회의방식과 논의방식을 택하도록 실행되고 있다. 그리고 회의진행방식을 효율화시키기 위한 회의의 라운드(*Round*) 구분과 새로운 인터벤션(*Intervention*) 방식을 도입시킨 점이다. 이는 참석자 전원에게 발언기회를 골고루 부여하고 발언시 충분한 의사개진을 보장한다는 의미도 포함하고 있다. 회의의 라운드를 둘로 구분하여 1차 라운드에서는 먼저 손을 들어 발언의사 표시를 한 부처들이 의장이 지명하는 순서에 따라 돌아가며 발언하는 방식을 사용하고, 2차 라운드에서는 1차 라운드에서 발표된 견해에 대한 반대의견이나 추가의견이 있을 경우 발언하도록 규정하고 있다. 또한 회의중 의사진행 또는 사실확인에 관한 발언이 필요할 경우에는 'Two-hand intervention' 즉, 두 손을 들어 의사표시를 하는 방식을 채택하고 있다. 마지막으로 안건처리방식을 유형화하고, 회의종료 후 회의결과를 신속하게 참석기관에 통보함으로써 회의결과의 처리를 명확히 하였다. 안건처리방식을 유형화하기 위해 안건에 미리 의결제안사항과 토론사항을 포함하여 작성토록 하고, 의결안건은 원안의결 · 수정의

〈표 6-2〉 안건분류 및 적용 회의방식

	안건의 성격	적용 회의방식
① 의결안건	• 향후 추진과제, 과제별 주관부처 등에 대한 명확한 결정을 요하는 안건 • 부처간 쟁점사항의 조정을 요하는 안건	상정→안건보고→토론→의결 * 실무적으로 협의가 완료되고 별다른 요청이 없는 경우 토론 생략
② 토의안건	• 예비논의 또는 상당기간 보완 · 발전이 필요한 안건	상정→안건보고→토론
③ 보고안건	• 동향보고 등 부처간 정보공유 차원의 안건	상정→안건보고

결 · 보류로 구분하고 토의 및 보고안건은 원안접수 · 수정접수 · 보류로 구분하는 방식을 취하고 있다. 그리고 회의종료 후 일자, 참석자, 안건명, 의결사항 및 수정사항 등의 회의결과를 가능한 신속하게 참석대상기관에 통보하고 있다.

두 번째 회의제 운영선진화 방안은 부내 주요 회의의 회의시간 제한이다. 이는 간부회의, 일일상황 점검회의 등의 회의시간을 1시간 이내로 제한하여 회의효율성 및 토론의 집중도를 향상시키는 데 그 목적이 있다. 사실 과거에는 참석자들의 발언시간 초과를 비롯하여 동일이슈의 중복발언으로 회의의 집중도가 저하되고 결국 회의참여율 자체가 낮아지는 문제가 있었으나 회의시간을 1시간으로 제한한 뒤에는 많은 부분이 개선되었다는 평을 듣고 있다.

세 번째 회의제 운영선진화 방안은 기록지원 서비스팀의 신설인데, 기록지원 서비스팀은 지난 2007년 7월 재경부 내 중요회의의 기록지원 목적으로 신설·운영되고 있는 팀이다. 기록지원 서비스팀은 중요 회의내용을 기록, 보관함으로써 의사결정의 책임의식을 높이고 추후 정책결정 과정에 참고하겠다는 데 그 목적이 있다. 사실 과거에는 각종 회의와 토론이 굉장히 많았음에도 불구하고 제대로 기록을 남기지 않다 보니 발언에 대한 책임소재가 명확하지 않다는 문제점과, 회의가 끝난 후 담당자들이 별도로 회의록을 정리해야 한다는 부담과 비효율적 요소가 존재했다. 하지만 기록지원 서비스팀의 신설로 직원들의 회의록 작성 부담이 경감된 점 이외에도 이전에는 요약기록만 존재한 데 비해 재경부내 공식적인 기록문화가 정착되고 의사결정의 책임의식이 제고되었다는 좋은 반응을 얻고 있다.

기록지원팀 신설 및 업무추진과정

- 기록지원팀 신설계획 확정 및 부내 직원을 대상으로 공개모집(2007년 4월)
- 기록원 대상 전문 속기교육 시행(2007년 5~7월)
- 기록지원팀 공식 발족 및 운영개시(2007년 7월 26일)

* 2007년 10월 현재 경제정책조정회의, 대외경제장관회의, 경제자유구역위원회, 지역특구위원회 등 총 15차례 회의 지원

또한 향후 작성유형별(예: 회의록 작성의 정확성보다 신속성이 필요한 회의, 신속성보다 정확성이 필요한 회의 등)로 구분하여 맞춤형 서비스를 제공할 수 있도록 운영방침을 수립하고 있다. 이와 더불어, 정확성을 요구하는 중요한 사안을 다루는 회의의 경우 충분한 기간을 두고 보다 철저한 검증 후에 회의록을 제공하는 등 다양한 이슈들을 해결하며 정착을 위한 지속적 노력을 강구하고 있다.

이렇게 주요 정책회의 운영방식의 선진화, 회의시간 제한, 기록지원 서비스팀 운영 등으로 대표되는 재경부의 회의제 운영선진화 방안은 겉으로 드러나는 회의의 외형만 바꾸는 데서 한걸음 더 나아가 궁극적으로 회의의 질 자체를 업그레이드하는 것을 지향하고 있다.

채용경로의 다양화

2000년 2월, 대통령령으로 '개방형직위운영등에관한규정'이 공포·시행된 이후, 재경부는 다양한 충원경로를 통해 보다 다양한 인력을 채용함으로써 조직의 활성화 방안을 적극 추진해왔다. 하지만 시행 초기, 이에 대한 제반여건이 마련되지 않은 터라 여러 시행착오를 겪은 끝에, 2004년 이후부터는 개방형 직위 모두를 외부인력으로 충원하는 등 다양한 인력을 통해 조직을 활성화시키고 공직의 경쟁력을 강화시킨다는 근본 취지를 잘 살리고 있다.

이렇게 재경부가 채용경로를 다양화시키는 데 성공할 수 있었던 이유는 그동안 개방형 직위 운영실태를 토대로 민간전문가의 응모가능성을 높이기 위해 다양한 노력을 기울이는 한편, 외부인력 충원에 대해 재경부의 장·차관을 비롯한 간부진들의 적극적 의지가 있었기 때문이다. 또한 재경부의 특성상 여러 경제부처의 수장역할을 수행하면서 다양한 정책고객의 의견을 수렴하고 조정함에 있어, 정책고객과의 밀접한 관계를 가지고 접점에서 역할을 수행하는 직위의 경우 민간에서의 다양한 경험과 전문성을 갖춘 인재가 보다 적합할 것이라는 판단에서 비롯된 것이었다.

채용경로의 다양화는 과거 5급과 7급 공채 위주의 충원에서 탈피하여 변호사, 회계사, 박사 등의 전문인력 확충과 개방형직위 운용 및 국·과장급 인력교류의 확대로 구분할 수 있다. 먼저 전문인력 확충의 경우 2007년 10월 현재 변호사·회계사 등 전문자격증을 가진 인력 29명과 박사학위 소지자 1명이 재경부 내에서 근무하고 있다. 또한 YP(*Young Professional*) 제도를 통해 젊고 유능한 인재들에게 공직체험 기회를 제공하고 있는데, 현재 총 10명의 YP가 다양한 부서에서 새로운 아이디어를 불어넣으며 일하고 있으며, 재경부 직원들에게 좋은 반응을 얻고 있다. 특히 YP들에 대한 동기부여 방안으로서 성과평가에 따라 계약직 공무원으로의 전환 등의 조치와 연계하고 있다.

채용경로를 다양화하고 외부 전문인력을 재경부 내부에 유입하는 것은 정책고객에 대한 서비스 질을 높이는 것 이외에도 내부구성원들에게 신선한 자극을 줌으로써 경쟁을 통한 전체 직원들의 서비스의 질이 제고되는 시너지 효과를 가져올 수 있다는 점에서 매우 긍정적이라고 할 수 있다. 현재 재경부는 정책서비스의 질 제고를 통한 정책고객의 만족도를 높이기 위해 개방형 직위제도에 대한 다양한 개선방안을 마련하고 있다. 예를 들어 민간전문가가 공직에 임용되어 정책을 수행할 경우 더 경쟁력이 있다고 판단되는 직위를 대상으로 추가 직위공모를 실시할 예정이고, 임용된 민간 전문가들의 빠른 적응을 위해 다양한 맞춤형 교육 프로그램을 개발하고 있다.

글로벌 기업의 사례

GE의 ACFC (At the Customer For the Customer)

GE 기업문화 변혁의 단계별 그림을 살펴보면, 2000년부터 시작된 'ACFC'를 찾을 수 있다. ACFC는 당시 새로운 CEO로 임명된 제프리 이멜트가 고객의 중요성을 강조하면서 내세운 프로그램이다. 즉, ACFC 활동은 GE가 가진 방대한 전문지식과 혁신역량을 활용해서 고객이 더욱 효율적이고 생산적으로 활동할 수 있도록 지원하는 총체적 활동을 이른다.

예를 들자면, 제조업의 입장에서 '고객과 함께'(*At the Customer*)는 고객이 있는 곳에 영업소를 개설하는 것이다. 그리고 '고객을 위해'(*For the Customer*)는 고객의 업계와 비즈니스 모델, 경쟁환경, 세분화 현황을 조사해서 다방면으로 고객의 성공을 돕는 것을 뜻하는 것이다. 사실, 이 ACFC는 과거로부터 지금까지 GE 혁신의 가장 중요한 축을 담당하고 있는 6시그마의 반성으로부터 시작되었다. 제프리 이멜트가 "우리는 지난 7년간 6시그마를 실행했지만 고객과 무관한 것들이 많았다. 하지만, 이제는 우리가 6시그마를 고객의 삶 속에 연관짓는다면 우리는 게임을 리드할 것이다"라고 언급한 이후 시작된 것이다.

ACFC는 단순히 고객으로부터 더 많은 매출을 짜내기 위한 새로운 방법이 아니라 고객의 번영을 돕기 위한 프로그램이라는 데 그 의의가 있다. GE는 자사의 기술혁신이 어떤 식으로 고객에게 가치를 제공하는지 보여줌으로써 고객 역시 시장점유율을 늘리고 매출과 마진, 현금흐름을 개선하도록 돕고 있다. 이렇게 고객을 우선시하고 고객에게 모든 것을 오픈하는 것은 결국 GE와 고객 모두에게 윈윈(*Win-Win*)전략으로 작용하였다. 즉, ACFC를 통해 고객의 비즈니스를 강화하면 자사에 대한 구매력이 개선되고 이를 통해 관계가 확고해지며, 이는 다시 유용한 정보의 유입으로 이어지게 되는 선순환 구조가 형성된다. 이렇게 고객과 긴밀하게 협력하면 GE가 고객의 차세대 제품부터 고객의 의사결정과정 이면에서 작용하는 관계망까지 모든 물적 · 인적 데이터를 얻을 수 있다는 이점이 있다.

GE의 마케팅 중심 조직운영

'마케팅 중심의 조직운영' 역시 제프리 이멜트가 CEO로 취임한 이후 중점적으로 추진한 프로그램 중 하나이다. 이 마케팅 중심의 조직운영 역시 그 중심에는 고객이 있다. 마케팅 중심 조직운영은 가치사슬(*Value Chain*)상의 기능적 의미로서 마케팅을 강조하는 데 머무르지 않고, 외부 고객과 시장을 지향하는 동시에 창의와 혁신을 촉진하는 조직문화 측면에서 마케팅 중심의 조직을 운영하겠다는 의미를 가지고 있다.

이런 의미를 바탕으로 GE가 지향하는 최고 관리자는 위대한 오퍼레이터(*Operator*)에 머물지 않고 위대한 마케터(*Marketer*)를 지향하는 사람을 의미한다고 천명하는 동시에 마케팅은 시장, 고객을 보다 잘 이해하기 위해 기업활동이 내부관리에 치우치지 않고 외부 중심으로 이루어지는 것임을 지속적으로 강조하여 고객만족을 도모하고 있다. 실제 이러한 마케팅 중시 철학을 조직 내에 구현하기 위해 2002년 별도의 최고 마케팅 경영자(CMO: *Chief Marketing Officer*)를 임명하여, 조직 내 마케팅의 중요성을 확산시키는 총책임자 역할을 부여하였다. 또한 Commercial Leadership Program을 개발하여 내부의 명석한 마케터들을 조직의 다양한 부문에 2년간 파견, 마케팅의 중요성과 전문지식 전파자 역할을 수행하도록 하였다. 한편 고객 · 시장과 보다 강한 유대관계를 유지하기 위해 관련업무 실무자나 관리자의 직무순환을 최소화하여 전문가로서의 업무역량을 키우도록 유도하고 있다.

기타 신규도입 프로그램

정보화 혁신: Knowledge Atlas 구축

현재 재경부는 핵심업무인 정책기획을 지원할 수 있는 지식정보시스템 구축(*Knowledge Atlas*)으로 대표되는 다양한 정보화 혁신방안을 준비중이다. 이는 시스템의 주 사용자인 재경부 내부직원, 즉 내부고객의 만족도를 제고하려는 데 일차적 목적이 있지만 궁극적으로는 내부업무의 효율화를 통해 정책고객에 대한 서비스의 질을 높인다는 목적을 가지고 있다.

지식정보화 혁신방안은 정책입안, 수립, 집행, 평가 등 각 단계에서 해당분야의 전문지식과 전문가 정보를 쉽게 검색할 수 있는 Knowledge Atlas 구축을 중심으로 온-나라 시스템을 통한 업무 프로세스 혁신, 내부 메신저 활용, 사이버교육 코너 신설 등을 모두 포함하고 있다.

Knowledge Atlas는 재경부의 핵심역량으로서 정책과 지식의 생산성을 획기적으로 제고하기 위해 지식·정보 중심의 재경부 인트라넷, 즉 'Knowledge Atlas e-MOFE'를 구축하는 것을 이른다. Knowledge Atlas가 구축되면 e-MOFE상에서 재경부 내부문서는 물론 부내·외 전문가 정보를 검색할 수 있는 인물정보 데이터베이스 구축과 국내외 전자도서관의 저널·논문 등 학술정보, 국제기구, 연구기관 자료 등의 통합검색이 가능한 온라인 경제디지털도서관 기능의 구현이 모두 가능해진다.

이렇게 Knowledge Atlas는 내부고객인 직원들이 정책과 지식의 생산성을 획기적으로 제고하기 위해 지식정보와 관련된 모든 데이터베이스의 메타검색을 통해 실시간으로 각종 정책에 반영할 수 있도록 하는 포털검색시스템을 골자로 궁극적으로는 재경부의 고품질 정책수립 및 정책고객에 대한 서비스를 강화하는 데 그 초점이 맞추어졌다.

이러한 취지를 바탕으로 재경부는 Knowledge Atlas의 구축을 MOFE Way 추진의 핵심적 과제로 설정하고 단계적으로 지식정보화를 추진하여 지식경영 선도부처로 도약할 야심찬 계획을 가지고 있다.

이 밖에 정보화 혁신방안으로 함께 추진되고 있는 온-나라 시스템을 통한 업무 프로세스 혁신은 재경부 내 모든 문서를 온-나라 시스템을 통해 보고·결재하도록 해서 철저한 문서관리와 의사결정의 투명화를 실현하는 것을 목적으로 하고 있다. 현재도 온-나라 시스템을 사용하기는 하지만 향후에는 그 활용도를 높인다는 취지에서 실시되는 이 방안은 온라인

〈그림 6-5〉 Knowledge Atlas 개념도

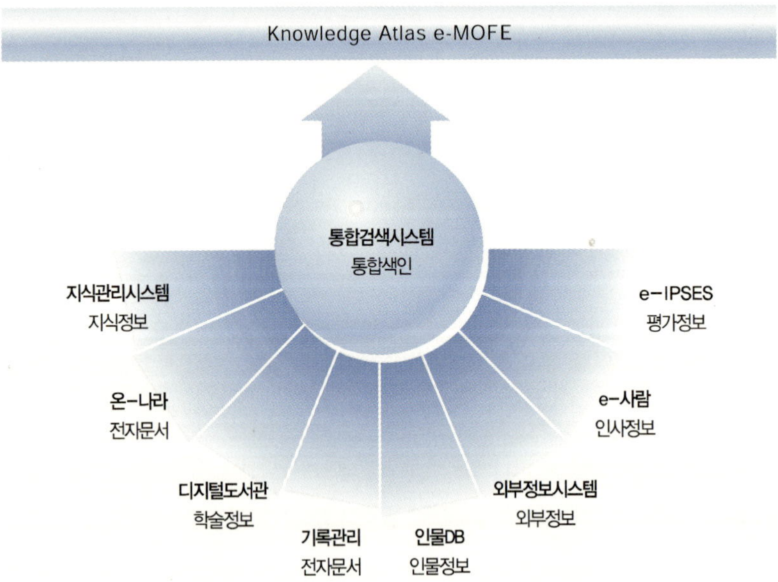

〈그림 6-6〉 Knowledge Atlas 구축 로드맵 (2007~2010)

• BPR/ISP 추진 • 추진과제선정 • 추진기반 조성	Knowledge Atlas 1단계 • 인물정보DB 구축 • 경제디지털도서관 구축 • e-MOFE 메인화면 개선 • 통합검색시스템 개선 등	Knowledge Atlas 2단계 • 온-나라 시스템 등 부내시스템과 통합 • 정부지식센터와 연계 • 부내지식관리문화 정착	Knowledge Atlas 3단계 • 지식정보센터구축 • 지식관리성과측정환류 • 유관기관과의 연계
2006년	2007년	2008~2009년	2010년
준비/기반조성	시스템구축	시스템 통합	고도화

보고를 통해 결재시간을 단축하고, 주요 과제별로 문서를 저장함으로써 문서검색과 업무 인수인계가 효율적으로 이루어지는 효과를 기대할 수 있다.

또한 전화나 이메일이 아닌 내부 메신저를 활용해서 부내 커뮤니케이션을 강화하는 방안을 추진중인데 현재 일부 실국에서 사용하고 있는 메신저를 통한 온라인 회의기능을 전 실국으로 확대 · 보급하고 메신저 기능에 문자메시지(SMS) 전송기능을 구현하여 유비쿼터스 업무환경을 조성하는 방안을 추진중이다.

이 밖에도 사이버 교육코너를 e-MOFE상에 탑재하여 직원들이 필요로 할 때, 언제든지 활용할 수 있도록 5분 내외의 짧은 동영상을 제작하여 이를 온라인으로 제공함으로써 사용자 중심의 교육환경을 조성하는 기반을 마련하는 방안을 준비중이다. 교육 콘텐츠는 온-나라 시스템 사용법이나 보고서/연설문 작성법 등으로부터 시작하여 향후 신입직원 교육 및 전문 업무교육 등으로 확대해 나갈 예정이다.

이와 같은 지식 · 정보화 혁신 프로그램은 재경부 직원들이 환경 및 정책고객의 요구에 잘 부응할 수 있도록 업무효율성을 확보하는 동시에, 정책고객과 약속한 바를 잘 수행하기 위해 끊임없이 쇄신하려는 자세를 보여주는 대표적 기획이라고 할 수 있다.

제 7 장 역량강화 Excellence

정의 및 원칙

역량강화의 정의

무한경쟁의 글로벌 시대, 지식기반 사회에서 재경부를 비롯한 정부부처는 양질의 정책서비스를 제공해야만 하고, 그러기 위해서 한 차원 높은 경쟁력을 필요로 한다. 이러한 경쟁력 확보를 위해 정부부처 구성원들의 전문성을 신장시키는 것은 필수이다. 공공부문과 민간부문의 성과가 상호 비교되고 서로 경쟁하게 됨에 따라 공공부문은 상대적으로 과거에 비해 훨씬 높은 서비스 기준과 효율성을 요구받게 된 것이다. 이에 따라 정부부처의 구성원들은 스스로가 자신의 위치에서 보다 높은 수준의 업무 전문성을 갖지 못하면 자리를 보전할 수 없을지도 모른다는 위기의식을 갖게 되었다.

이러한 분위기 속에서 공무원 사회를 성과와 능력 중심으로 개편해 나가기 위한 방편으로, 민간의 경쟁원리를 도입하여 성과관리시스템을 개편하고 근무실적이 우수한 자에 대해서는 인센티브를 적극적으로 부여함으로써 행정서비스의 생산성을 제고하는 방안 등이 마련되고 있다. 참여정부 출범 이후 공식적으로 발표한 인사개혁로드맵상에 공무원 전문성의 강화를 개혁의제 중 하나에 포함시킨 것은 공무원의 전문성 강화가 얼마만큼 중요한 이슈인가를 잘 설명하는 부분이다.

일반적인 전문성의 정의는 전문적 지식과 기술, 자기규제, 윤리규범 준수, 합리성 추구 등 다양한 요소를 포괄하는 개념이다. 공공분야에서의 전문성에 대한 논의 역시 여러 학자들에 의해 진행되었는데 문제분석능력, 합리성, 고객의견 수렴능력, 이해집단 의견 조정력, 능률성 등이 그 구성요소이다. 하지만 최근에는 그동안의 공공분야 전문성에 대한 논의가 너무 전문적 지식 측면에만 치중했다는 반성과 함께 의사결정과정의 건전한 판단력, 임무에 대한 성실성과 몰입, 그리고 공공가치에 대한 소명의식까지도 포함되는 추세이다.

이와 같은 것들을 종합해 보았을 때, MOFE Way의 핵심가치로서 역량강화는 전문적인 지식 · 기술 및 행정을 관리하기 위한 '역량개발'과 더불어 점차 그 중요성이 더해지고 있는 직업윤리적 요소로서 '책임의식'과 '성실성'을 포함하는 개념이라고 정의하겠다.

역량강화의 키워드: 역량개발, 책임의식, 성실성

〈그림 7-1〉 역량강화의 키워드

∴ 역량개발 (Competency)

재경부가 정부부처로서 수행하는 모든 정책과정들은 최소한의 비용으로 최대의 효과를 내야 한다는 측면에서 효율성을 중시하는 동시에 본래의 목적을 효과적으로 달성할 수 있어야 한다. 이에 효율성과 효과성을 동시에 구현할 수 있도록 각 구성원들의 '역량개발'이 필요하다.

여기서 역량이란 어떤 대상이나 업무를 적절히 다룰 수 있는 능력, 즉 논리적 타당성을 가지고 결론을 이끌어내고 업무성과를 창출하는 것을 의미한다. 즉, 재경부 구성원들의 역량강화 추구를 위한 키워드로서 '역량개발'이란 변화하는 환경에 대응해 필요로 하는 지식 및 기술적 능력을 향상시키고 발전적인 가치관 및 태도를 확립하는 것으로 설명할 수 있다.

:: 책임의식 (Accountability)

'책임의식'이란 재경부 구성원들이 자신의 직무 또는 역할을 수행하는 데 법률이나 규칙 등 객관적 규범이나 조직의 위계구조에서 상급자의 지시와 명령을 충실히 이행하는 것을 의미한다. 이렇게 정부부처 구성원으로서 책임의식에 대한 요구와 중요성은 정책수립과 실행에 대한 권한이 확대되는 것과 함께 증대되고 있다.

하지만 정부조직구조와 수행업무가 갈수록 복잡해지고 한 사람이 하나의 업무에 대해 단일책임을 지는 것이 아니라 다수가 정책결정에 관여하게 됨으로써 책임소재 파악은 물론 권한행사에 대한 법적 책임의 추궁도 점점 어려워지는 추세이다. 이러한 책임의식에 대한 한계가 있기 때문에, 결국 구성원 개개인의 자율적, 내부적 책임이 선행적으로 요구된다고 할 수 있다.

:: 성실성 (Integrity)

'성실성'이란 공명정대를 실현하기 위해 투명하고 일관성 있게 업무를 처리하고 일의 결과에 끝까지 책임을 진다는 것을 의미한다. 성실성은 업무에 대한 열정을 바탕으로 실현될 수 있는데, 이는 맡은바 책임을 완수하기 위해 최선의 노력을 다한다는 것을 뜻한다. 하지만 책임을 완수하기 위해 수단과 방법을 가리지 않고 오직 결과에만 집착하는 것은 재경부가 갖는 공공적 성격에 위배되는 것이다. 성실성을 갖춘 개인은 직간접적 직업윤리 혹은 조직의 가치에 맞지 않는 지시를 받거나 업무를 추진해야 할 때 맹목적으로 그 명령을 따르지는 않는다.

따라서 성실성이 최선의 노력을 바탕으로 완전무결함을 지향하는 자세라고 볼 때 성실성은 사회공동체 최고 수준의 윤리적 판단기준과 직업행동기준에 따라 행동하는 것을 의미하는데, 공익을 최선으로 추구해야 한다는 공무원의 특성상 더욱 높은 수준을 요구받게 되는 것이다.

역량강화의 행동원칙

〈그림 7-2〉 역량강화의 행동원칙

바람직한 행동 (DOs)

- 탐구하는 자세로 업무를 수행하기 위해 틈틈이 자기개발을 한다.
- 조직의 성과창출 프로세스를 이해하고 본인이 기여방법에 대해 고민한다.
- 조직의 방침을 바탕으로 나 자신만의 일하는 방침을 수립하고 실행한다.
- 문제의 본질을 직시해서 근본적인 문제점을 해결 하려고 한다.
- 결과만을 중시하기보다 절차와 과정을 중시한다.
- 본인이 수행할 수 있는 범위 내의 업무를 스스로 처리하되, 조직의 원리와 원칙에 입각해서 수행한다.
- 기존 관련지식에 대한 정보를 동료에게 적극 제공하고, 역으로 받아들인다.

Excellence

바람직하지 않은 행동 (DONOTs)

- 시간을 핑계로 자신/동료/부하들에게 별도의 교육을 하지(시키지)않는다.
- 새로운 임무가 부여되었을 때 부담부터 느끼고 자신감을 상실한다.
- 회의나 토론 시 비판 없이 동조하거나, 문제를 제기하지 않는다.
- 남의 성과에 대해서 쉽게 인정하지 않는다.
- 결과만을 중요시 하고, 절차와 과정은 중요치 않게 생각하고 행동한다.
- 올바른 방향이 아닌, 마음에 드는 방향으로 일을 추진한다.
- 책임을 회피하기 위한 판단과 행동에 중점을 둔다.

대표적인 제도 및 프로그램

통합성과 평가

통합성과 평가는 재경부 내 개인 · 부서의 업무성과를 종합적으로 평가하고 평가결과에 따라 인사관리 및 금전적 보상을 차등적으로 시행함으로써 성과주의 중심의 조직문화를 확산시키고자 지난 2005년 9월부터 도입한 평가시스템이다. 통합성과 평가는 역량과 성과에 기초한 인사평가와 보수결정의 토대를 마련했다는 것과 불필요한 업무를 줄이고 성과지향적으로 일하는 문화를 조성했다는 점에서 큰 의의가 있다. 특히 재경부의 통합성과 평가제도는 그 효과성을 인정받아 국무조정실, 행정자치부, 중앙인사위원회 등에서 모범적 평가시스템 구축사례로 평가받고 있다.

재경부의 통합성과 평가시스템은 다음과 같은 세 가지 특징을 가지고 있는데, 첫째, 객관적인 평가를 통한 합리적 차별화를 실현시킨 점이다. 과거 일부 간부 또는 인사부서에 집중되었던 평가권한을 분산시키고, 성과관리 담당부서의 평가재량과 권한을 배제하여 인사관리의 투명성을 높이고 연공서열 중심의 기존관행을 제거하였다. 둘째, 개인성과와 조직성과를 서로 연계하여 성과관리에 따른 과도한 경쟁이나 팀워크 저해 등 부작용을 최소화한 점이다. 다시 말해, 조직성과를 강조하는 최근의 성과관리 트렌드에 맞추어 개인의 성과와 조직의 성과를 유기적으로 연계되도록 설계되었다. 셋째, 성과평가시스템을 통해 나타난 평가결과는 승진, 보수 등 인사관리에 적극 반영함으로써 조직 내 적절한 경쟁과 긴장의 분위기를 유지하고 개인의 역량을 제고할 수 있도록 한 점이다. 특히 평가우수부서와 개인에게는 해당연도 말에 공식적으로 부서명과 우수자를 공지하고, 과감한 인센티브를 부여하고 있다.

이러한 성공요소들을 바탕으로 개발, 운영되는 통합성과 평가시스템은 크게 부서평가와 개인평가로 구분된다. 먼저 부서평가의 경우 연초에 선정된 평가과제를 바탕으로 평가하는 정책성과 평가와 혁신활동 수행에 대한 평가항목별로 연중에 걸쳐 주기적으로 평가하는 혁신성과 평가로 구분되어 있다. 개인평가의 경우에는 정책마일리지 평가와 개인의 학습정도를 평가하는 상시학습 평가, 그리고 상사를 비롯한 동료, 후배들로부터 다면적으로 평가를 받게 되는 역량평가로 구성되어 있다.

〈표 7-1〉 통합성과평가 항목 및 비중(정책부서에 근무하는 5급 인원 예시)

대분류	중분류	소분류
1 정책성과평가 (35%)	① 정책평가(60점)	• 주요정책 · 기타 주요과제 평가 (55점) • 자체평가 수행노력 평가(5점)
	② 부총리과제평가(20점)	
	③ 기타정부업무평가(20점)	• 정책홍보(10점) • 조직관리(3점) • 인사관리(3점) • 법적 의무권장사항 준수(3점) • 청렴도(1점)
2 혁신성과평가 (20%)	① 혁신기본활동평가(60점)	• 혁신활동 기본요건(20점) • 온-나라 시스템 활용(20점) • 정책품질관리(5점) • 민원만족도(10점) • 전화친절도(5점)
	② 혁신활동사례 평가(40점)	
3 정책마일리지평가(10%)		
4 상시학습평가(5%)		
5 역량평가(30%)		
6 고객만족도평가(-)		

〈표 7-2〉 직급별 평가비중

단위: %

	국장	과장	4급	5급	6 · 7급	기능직
정책성과 평가	55	50	40	35	35	20
혁신성과 평가	20	20	20	20	20	20
정책 마일리지	–	10	10	10	10	10
상시학습 평가	–	–	5	5	5	10
역량평가	20	20	25	30	30	40
외부고객 만족도	5	–	–	–	–	–
합 계	100	100	100	100	100	100

하지만, 천편일률적으로 개인마다 공통의 평가원칙을 적용하는 것이 아니라 상위직급은 부서평가의 정책성과 평가를, 하위직급은 개인별 평가의 역량평가의 비중을 강조함으로써 직급별, 부서별 특성을 반영한 탄력적 평가방식을 취하고 있다.

현재 통합성과 평가가 실시된 지 2년 정도밖에 되지 않았고 공공기관의 특성상 아직 가시적 효과를 증명하기는 이를 수도 있지만, 성과평가 결과가 승진 등에 본격적으로 반영되고 성과급의 차등폭도 확대됨에 따라 재경부에 성과 중심의 조직문화가 보다 빠르게 정착될 것으로 기대된다. 특히 최근 통합성과 평가결과가 보직인사, 특별승진 및 승급, 유학시험 합격자 결정 등에 결정적 영향을 미침에 따라 해당 실국의 평가결과에 대한 분석을 요청하는 등 구성원들의 관심이 더욱 높아지는 추세이다.

재경부는 통합성과 평가에 대한 현재의 성과에 만족하지 않고 평가에 대한 신뢰성과 효과성을 제고하기 위해 개선안을 마련해 수정 · 보완해 나갈 방침이다. 최근 1년에 2회 실시하고 있는 통합성과 평가를 연간평가로 전환하였으며 정부업무 평가와의 연계성을 강화하는 방안을 추진중이다. 아울러 중장기적으로는 근무평정과 통합성과 평가를 일원화하여 승진 · 인사 등에 반영하기 위하여 근무평정의 결과를 통합성과 평가의 정책성과로 대체하고 점차적으로 통합성과 평가 중 정책성과의 비중을 상향조정할 계획이다.

통합성과 평가 우수자에 대한 보상내용

- 평가 우수자에 대한 특별승진 · 승급 실시
- 모범공무원 선정시 우대
- 해외유학자 선정시 평가결과 반영(30%)
- 평가우수자에 대해 해외연수 프로그램 특전 부여
  - 2006년 조지타운대, 2007년 싱가포르 국립대학
- 기타 평가 우수부서에 포상금, 정원관리, 예산상 우대조치 실시

보직스카우트제 및 보직순환제

재정경제부는 중앙부처로서는 처음으로 지난 2005년 2월, 간부가 자신이 데리고 일할 부하직원을 직접 골라 쓰는 스카우트 방식의 인사제도, 즉 보직스카우트제를 전격 도입했다. 이는 과거 연공서열 위주의 인사관행으로 인해 구성원 사기 및 경쟁력이 저하된다는 판단 하에, 사람을 쓰고자 하는 관리자가 직접 후보자를 선정하는 '시장지향형 인사관리시스템'의 구축과 인사담당자의 재량을 축소하고 능력과 성과를 인정받은 직원이 우선적으로 보직을 받는 관행을 정착하겠다는 취지에서 전격 실시된 것이다. 그리고 보직스카우트제와 동일한 취지로 상호 시너지효과를 낼

수 있도록 함께 운영되는 제도가 바로 보직순환제인데, 이는 5급 이하 직원 중에서 3년 이상 같은 실국에서 근무하는 근무자의 정기전보시 해당 실·국에서 원칙적으로 대상자를 선발하는 방식이다.

보직스카우트제의 경우 처음에는 성과주의 인사운영시스템을 정착한다는 취지에서 시작되었지만 현재는 재경부 전 구성원에게 능력과 가시적 성과가 있으면 누구든지 그 공로를 인정받을 수 있다는 점과 실제 업무성과에 책임지고 있는 실·국장급에게 선발에 대한 권한을 위임한다는 측면에서 전문성을 강조하고 성과를 중시하는 재경부 조직문화를 잘 보여준다. 보직스카우트제는 직접 선발권을 가진 상급자는 하급자 인사에 대한 자율성을 보장받는 대신에 연초 수립한 상호양해각서(MOU)에 따른 결과에 대한 책임을 져야 한다는 상호견제 및 상호보완의 기능 역시 내포하고 있다. 이런 방식의 운영을 통해서 실·국장은 인사결과에 책임을 져야 하므로 연공서열보다는 전문성과 능력을 중심으로 직원을 선발하게 되고, 과장급 이하 직원들은 성과를 내기 위해 자신의 능력개발을 위한 노력을 위한 계기가 되는 등 조직의 활력과 생산성을 제고하기 위한 선순환 구조가 형성되도록 운영하고 있다. 이때 인사부서에서는 기수의 형평성 및 업무 적합성 등을 고려하여 적재적소에 배치할 것을 건의하는 등 제도의 부작용을 막기 위한 보완장치 역시 마련하고 있다.

다음으로, 3년 이상 동일한 실국에서 근무하는 5급 이하 직원의 정기전보시 해당 실국에서 원칙적으로 대상자를 선발하는 보직순환제의 경우, 다음의 운영현황을 보면 그 특징을 잘 알 수 있다.

보직순환제 운영현황

- 정기인사 기준일: 매년 2월 28일(29일)
- 정기인사 대상: 3년 이상 동일 실국 근무자(지원부서는 1.5년)
- 정기인사 배정원칙

① 보직스카우트제 우선 적용
실국에서 우선적으로 원하는 대상자를 스카우트

② 희망보직제 적용
실국에서 희망하는 대상자가 경합될 경우, 인사대상자가 희망하는 순위에 따라 실국 결정

③ 미선정자가 5인 이상인 경우, ①과 ② 과정 재적용

④ 최종적으로 대상자가 보임할 실국이 확정되지 않으면 혁신인사기획관이 강제 배정

현재 보직스카우트제와 보직순환제는 조직의 활력과 생산성 제고를 가져온다는 측면과 구성원들에게 성과주의 인사를 기반으로 한 전보 및 승진 등의 기회를 줄 수 있다는 점에서 긍정적 반응을 얻고 있으나, 어느 부서나 부서장에게도 추천받지 못하거나 선정되지 못한 인원들의 사기저하에 대한 개선방안 마련에 대해서 고민중이다. 따라서 보직스카우트와 보직순환제가 효과적이고 투명하게 이루어지도록 IMF식 인사평가시스템을 도입하고 평가결과를 인사 데이터베이스로 구축하여 축적·관리할 예정이고 대상에서 제외된 구성원들이 자신의 역량을 강화할 수 있도록 관련 전문교육 프로그램을 보다 확대하고 다양화하는 방안을 함께 마련할 예정이다.

재경부는 직원들의 정책 · 실무 역량 강화를 위해 업무에 바로 활용할 수 있는 맞춤형 교육프로그램을 마련해서 지원하고 있으며 향후에도 지속적으로 강화할 예정이다. 그 방안으로 마련된 것이 상시학습체제, 6 · 7급 직무역량 제고방안, 학습동아리, 해외연수 프로그램 등이다.

상시학습체제

2007년부터 중앙인사위원회는 공공기관 공무원에 대해서 최소 60시간 이상의 학습을 의무화하였는데, 이에 따라 재경부는 4급 이하 전 직원에 대해 연간 70시간 이상의 교육을 이수토록 하는 '상시학습체제'를 시행중이다.

재경부는 상시학습체제를 단순히 양적 측면에서 70시간을 채우는 데 중점을 두지 않고 상시학습체제 하에 별도의 외국어 교육과 보고서 작성 교육에 대한 최소학습기준을 두는 등 직원들의 실질적인 직무역량 강화에 초점을 맞추고 있다. 아울러 당해 직급에서 요구되는 의무교육시간을 이수해야 승진할 수 있고, 상시학습체제 교육시간 이수 정도를 통합성과에 반영하는 등의 제반 인사시스템을 함께 운영함으로써 상시학습체제가 실질적으로 운영될 수 있도록 지원하고 있다. 향후 2008년부터는 의무이수시간을 매년 10시간씩 상향조정하여 2010년에는 중앙인사위원회에서 제시하는 기준인 100시간에 맞출 예정이다.

:: 학습동아리

재경부에는 2007년 10월 현재 총 64개의 학습동아리가 구성되어 매주 평균 2~3회씩 동아리가 개최되는 등 학습동아리 활동이 부내에 잘 정착된 상태이다. 이는 학습동아리 가입과 활동의 자율성에 기인한다고 할 수 있는데, 본인의 업무와 부처에 상관없이 불특정 다수가 자발적으로 모여 자유롭게 커뮤니케이션한다는 특성이 있다. 또한 본인의 관심사를 비롯한 일반교양과 경제전반의 포괄적 지식부터 전문적이고 깊이 있는 업무지식까지 다루기 때문에 다방면에서 재경부 구성원들의 역량을 업그레이드해

학습동아리 개편 현황 (2007년 10월 기준)

포럼 공동체 전환 동아리 (총 11개 동아리 → 4개 포럼)

포럼명	대상 동아리
선진통상 연구포럼	선진통상연구+국제협정연구+한미FTA연구회
관세정책 연구포럼	관세 및 통상연구+관세정책연구+관세협상연구
금융정책 연구포럼	금융동아리+자본시장연구+보험산업 발전연구
세제정책 연구포럼	재산관련 생활세금 연구+주선 아카데미

활동 동아리 (총 35개 동아리)

국제개발협력, 정책홍보 연구회, 'The MOFE Way' 연구동아리, 21세기 지구촌경제사회체제연구, 거시경제, 경제교육 동아리, 공공경제연구, 공직윤리연구회, 국제정책연구, 글로벌 경쟁력 포럼, 금융 · 기업구조조정 연구, 금융법령 해석연구, 기록물관리, 기업연구, 나라재산연구, 대외경제동향 및 국제금융시장, 민원제도 개선, 부동산투자정책연구, 서비스산업연구, 신결정례 · 판례연구, 신기술정책연구, 심판업무개선동아리, 업무효율, 예산집행관리, 온나라연구동아리, 외국인투자 및 해외직접투자연구, 위기관리, 자금세탁방지, 자유무역협정 국내대책연구, 정부회계 · 계약제도 연구, 중장기재정정책 연구, 지역특화발전연구, 행정정보 공유 및 확대, 현대북한연구회, 홍보관리연구회

주는 경쟁력의 원천이 되고 있다.

이를 통해 각 실무 담당자들은 학습동아리를 아이디어 창구로 삼아 새로운 정책마련의 아이디어를 구하는 경우도 많다. 또한 부서간 장벽을 허물어 구성원들의 공감대를 형성하는 데 일조한다는 1석 2조의 효과를 낸다고 평가받고 있다.

학습동아리 활동 역시 여타 프로그램들과 마찬가지로 통합성과 평가에 일부 반영되는데, 개최횟수, 참여인원 등 단순한 계량적 평가보다는 실질적 혁신성과의 창출여부에 초점을 맞추고 있다. 이는 학습동아리의 정성적 평가가 연간 학습동아리 활동 중 혁신성과가 뛰어난 사례를 혁신사례 보고서로 작성해서 이를 민간 전문위원들이 평가하여 우수사례로서 부처 내에 전파 · 공유하고 있다는 것에서도 알 수 있다.

이와 함께, 2007년 10월 정책개선 및 문제해결에 기여하는 학습동아리 운영을 도모하기 위하여 활동실적이 떨어지거나 주제가 중복되는 학습동아리를 통 · 폐합하고 분야별 포럼 공동체로 전환하는 조치를 취하였다. 아울러 남아있는 학습동아리들이 지속적인 아이디어 뱅크와 비공식적인 학습네트워크의 역할을 잘 수행할 수 있도록 정책결정과의 연관성이 높고 연구집 발간, 연구결과의 정책반영 등 연구성과의 활용도가 높은 학습동아리에 대해서만 예산을 지원하고 상시학습시간을 인정하는 방안을 추진할 예정이다.

해외연수프로그램

재경부에서 실시하고 있는 해외연수프로그램은 통합성과 평가 우수자 등 성과우수 인력에 대하여 경제정책 및 혁신 등과 관련된 다양한 교육 및 체험의 장을 마련하고자 실시하는 프로그램이다. 다른 부처에서도 역시 해외연수프로그램을 실시하고 있기는 하나 특히 재경부는 실제 해외 유수대학이나 정부조직을 방문하여 맞춤형 프로그램을 통해 연수를 받는다는 특징이 있다. 여기에서 맞춤형 프로그램이란, 해외연수를 기획하는 단계에서부터 대상조직의 담당자와 지속적인 커뮤니케이션을 통해서 재경부에서 필요로 하는 내용의 프로그램과 원하는 강사를 직접 섭외하여 연수를 진행하는 것을 말한다.

이렇게 연수 대상자의 세계경제동향 파악을 통한 전문성 확보 및 실질

연도별 해외연수 프로그램 운영 내용

- (2005년) 미국, 일본 주요 혁신기업 방문
  - 인텔, 도요타 등 선진 글로벌기업의 우수한 혁신사례 체험을 통한 혁신역량 강화
- (2006년) 미국 조지타운대 연수
  - 조지타운대의 혁신리더십 교육프로그램 수강 및 세계은행 등 국제기구 방문
  - 외부 저명인사의 강연(전 미 국무부 차관보, IMF 이사, 미 대통령 안보보좌관 등)을 통해 국제적 감각 함양
- (2007년) 싱가포르 국립대 연수
  - 싱가포르 국립대의 혁신포럼 수강
  - 주요 정부기관(싱가포르 재무부차관 면담, 총리실, 도시개발청, 경제개발청 등) 및 글로벌 기업(시스코[Cisco] 부사장 면담) 방문

적 역량 제고라는 취지 하에 준비되는 해외연수프로그램은 프로그램 내용 및 강사 조율 등을 위해 그 준비에만 1개월 이상의 시간이 소요된다.

참가자들은 세계적으로 이름 있는 일류 강사 및 CEO의 강의를 직접 청취함으로써 거시적 안목을 함양할 수 있다는 점과, 한국경제의 현실을 제3자의 입장에서 바라보고 토론하면서 실제 경제정책 형성 능력의 배양에 큰 도움이 되었다는 피드백을 하고 있다. 재경부는 해외연수프로그램들의 효과성을 높이기 위해 IMF 등 국제기구와의 교육프로그램 연계 및 국제교육기관과의 MOU를 통해서 장기적 관점에서 프로그램을 다양화하고 참가인원 역시 점진적으로 늘릴 계획이다.

주요 보직의 내부공모 확대

재경부에서는 인사운영의 공정성과 투명성을 확보하고 능력 있는 직원을 적재적소에 배치하여 조직역량을 강화한다는 취지 하에 내부공모제를 실시하고 있다. 특히 내부공모의 대상이 전 부서적인 업무를 수행하는 주요 보직과 국내외 파견직이다 보니 재경부 구성원들의 자발적인 역량개발에 대한 동기부여 요인으로 작용한다. 재경부에서는 전문성 제고라는 취지에서 능력 있는 직원들이 주요 직위에 자유로이 지원할 수 있도록 내부공모 직위를 지속적으로 확대하고 있다.

주요 내부공모 직위

- 혁신인사기획관, 총무과장, 감사담당관, 재정기획관 등 본부 주요 과장직위에 대한 공모 실시
- 세계은행(IBRD) 등 국제기구 파견 직위
- 국세심판원, 종합민원실 등

글로벌 기업의 사례

IMF 인사평가시스템(APR: Annual Performance Review)

국제통화기금(IMF: International Monetary Fund)의 인사평가시스템(APR)은 IMF의 모든 정규직원들을 대상으로 하는 연간 성과평가 활동을 말한다. APR을 통해서 피평가자들은 지난 1년간의 수행업무, 성과, 기여도 등에 대해 기술하고 다음 해의 직무 및 업무 관심사 등을 밝힐 수가 있고, 평가자들은 피평가자에게 평가기간 동안 나타난 성과와 역량에 대한 피드백을 제공하고 관련업무와 역량개발 사안 등을 논의할 수 있다.

APR은 단순한 개인인사평가 측면 이외에도 경력개발 등 다양한 목적으로 운영된다는 특징이 있다. APR은 개개인의 연봉산정과 성과급 결정을 위한 공정한 근거자료를 제공하는 것 외에도 개인 경력개발계획, 교육, 이동 등 다양한 조직 내 인사관리상의 의사결정을 위한 정보제공 및 다음 연도의 개인업무 목표 및 역량개발 목표 등을 설정하는 데 중요한 근거자료가 된다(단, 승진의 경우 내/외부 공모에 의한 충원을 원칙으로 하기 때문에 주요 참고자료로만 활용).

또한 APR은 평가자와 피평가자 간 활발한 커뮤니케이션이 이루어진다는 데 그 핵심이 있으며 〈그림 7-3〉과 같은 프로세스를 가지고 운영된다.

APR의 원활한 진행을 위해 각 부서에서 자체적으로 관리방안 및 완료시점 등에 대한 내부 스케줄을 수립하고 이와 관련된 추가지침 및 사항들을 별도의 가이드라인을 통해 제공한다. 이러한 프로세스가 완료되기까지는 대략 3개월 정도가 소요되는데, 평가의 공정성 및 일관성 유지를 위해 평가자와 피평가자 그리고 소속 국(*Department*)의 매니저간 충분한

〈표 7-3〉 IMF 인사평가시스템(APR)의 특징

도입배경	• 1990년대 중반부터 직원의 역량개발을 위한 피드백과 연봉산정을 위한 공정한 자료제공의 목적으로 도입
대상	• IMF 전 구성원(계약직원 제외, 국장급은 2006년부터 도입)
주요특징	• APR을 통한 인사관리뿐만 아니라 연봉까지 결정하고, APR에 상당한 시간과 노력을 기울이며 신중하게 평가 • 상급자와 하급자가 상호협의하여 업무목표를 설정하고, 평가결과에 대해서 양자가 서명 • 비교 · 평가가 가능하도록 평가대상 직원들의 경력 등을 감안하여 일정 그룹으로 구분하여 평가 • 평가결과 하위 3~4%에 속하는 직원은 성과개선 계획서를 작성하고, 평가결과에 이의가 있는 경우 옴부즈맨에 이의제기 가능

협의를 거치도록 가이드라인을 통해 명시하고 있다. 이러한 가이드라인은 피평가자용, 평가자용, 매니저용으로 분리되어 제공되는데 각각의 가이드라인은 실시주체간 원활한 커뮤니케이션의 강조는 물론이고, 각 평가항목별로 평가내용과 그 근거가 매우 상세하게 기술되고 피드백되어야 함을 일관되게 서술하고 있다. 이는 사실에 근거한 솔직한 피드백과 조언을 통해 피평가자가 스스로의 장단점을 제대로 파악하고 실질적인 역량개발에 도움을 받을 수 있도록 하는 데 그 목적이 있으며 이러한 특성으로 인해 APR은 '구술형 인사평가제'라고도 불리고 있다.

APR에서 평가결과에 따른 개인등급은 총 5단계로 구분하여 운영중인데, 가장 최고등급인 최우수등급(*Outstanding*) 그룹은 전체인원의 15%로 한정지어 부여하고 있으며 최고등급을 제외한 나머지 등급은 해당국의 자율에 맡기고 있다. 하지만, 해당국에 할당되는 성과급 등의 예산제약으로 인해 자연스럽게 각 등급별 차등화가 이루어지고 있다. 그리고 하위 3~4%에 속하는 직원들은 '성과개선계획서'(PIP: *Performance Improvement Plan*)를 작성하도록 의무화하고 있으며, 만약 이 PIP를 작성한 후에도 6개월 내 개선사항이 보이지 않을 경우 종신계약자라고 할지라도 강제 퇴직할 것을 원칙으로 한다. 더불어 피평가자가 평가결과를 인정하지 못하는 경우, 옴부즈맨 제도를 통해 이의를 제기하도록 조치하고 있다.

〈그림 7-3〉 APR 절차

	APR 양식지 작성 및 면담 준비	성과평가	역량개발 인터뷰 및 성과목표 설정	최종합의 및 의견서 제출
주요내용	· 피평가자 개발 및 업무 관심사, 주요 성과 및 기여도 기록 · 평가자 피평가자 관련 업무 자료 리뷰	· 평가자 – 피평가자 간 성과 관련 평가 및 면담 실시	· 평가자 – 피평가자 간 피평가자 자기개발 목표 및 활동 면담 실시 · 익년도 합의목표 및 활동사항 기록	· 완료항목에 대한 부서장 검토 후 성과급 결정 · 평가자 관련소견 작성 후 제출 · 피평가자 내용확인 후 제출
활용서식*	· 피평가자 : APR 양식지 1, 2, 3, 7 항목 작성	· 평가자 – 피평가자 APR 양식지 4번 항목 논의 및 평가자 작성	· 평가자 – 피평가자 APR 양식지 5번 항목 논의 및 평가자 작성	· 부서장 : APR 양식지 6번 항목 작성 · 피평가자 : APR 양식지 7번 항목 작성

* 활용서식의 경우 〈표 7-4〉의 APR 피평가자용 APR 양식지 구성 참조

〈표 7-4〉 APR 양식지 구성

항목 번호*	구 분	내 용	비 고
1	개인정보	• 소속/직급/연봉/직속상사 등 평가자 기본 인적사항 기술	
2	주요 성과 및 달성목표	• 평가기간중의 개인기여 사항을 주요 업무와 성과 중심 기술 • 전년에 설정한 목표달성을 위해 취한 행동 및 진척상황에 대해 상세기술	• 각 업무의 감독자가 다를 경우 각각의 감독자를 별도 기재함
3	경력 및 주요 관심사	• 익년도 역량개발 및 업무관련 주요 관심사 기술	
4**	역량평가	• 각 역량별 평가를 평가기준에 맞게 체크함(4단계) • 뛰어난 역량 혹은 개발이 필요한 역량을 '총평'(Overall comment)에 구체적으로 기술	• 4단계 평가기준 (CE)-성과기준을 지속적으로 초과, (FM)-성과기준 충분히 충족, (PM)-성과기준 일부 충족, (DNM)-성과기준 미달 †나열된 자질이 수행직무와 관계가 없을 시 별도의 N/A 란 check
5	설정 목표 및 특이사항	• 익년 목표설정 사항 기술 및 각 목표와 연계된 개발계획 기술(예: 교육훈련리스트, 장기경력목표 등) • 기타 APR시 논의된 기타 중요사항 기재	• 이 항목에 대한 별도의 평가자 확인 서명란 있음
6	부서장 리뷰 및 성과급 정보	• 부서별 검토자나 부서장의 내용확인 및 성과급 인상률 기재	• 상여금 인상은 개인의 성과, 동료와의 비교, 업무의 난이도, 업무량을 반영해 결정
7	피평가자 서명 및 의견기술	• 평가결과에 대한 검토 및 확인: 확인 후 서명 • 평가결과에 대한 자기의견 기술	• 서명은 평가결과 확인만을 위함이라는 것(상호합의를 의미하지 않음)을 명시

* 1,2,3,7: 피평가자 작성항목 / 4,5: 평가자 작성항목 / 6: 각 부서별 검토자 혹은 부서장 작성항목.

** 4항목의 역량항목별 평가를 제외한 전 항목이 기술식으로 구성됨. 단 4항도 전체결과에 대한 평가는 별도 기술식 작성함.

HP의 온라인 교육시스템 및 HP 종업원 포털(Employee Portal)

미국 〈포춘〉(*Fortune*)지 선정 1,000대 기업 중 70% 정도의 기업이 지속적인 성장에 대한 첫 번째 장애물로서 잘 훈련받은 종업원의 부족을 언급하듯 기술과 지식을 가진 종업원들은 기업에게 과거나 지금이나 가장 필요한 자산이다. HP는 이런 점을 일찍이 파악하여 전 세계에 지역적으로 분산된 종업원들에게 보다 혁신적이고 효율적인 방법으로 교육을 제공할 수 있는 방법을 찾기 위해서 노력하였다. 현재 이러한 노력의 결과 HP는 온라인 교육시스템을 통해 체계적이고도 효과적인 교육을 제공하는 매우 선도적 기업으로 평가받고 있다.

현재 HP는 지난 25년 이상에 걸친 교육훈련 경험을 통해 연간 십만 명 이상의 교육훈련 실적을 가지고 있으며, HP 연구소의 혁신적 기술을 활용해서 최신의 기술 및 솔루션을 교육훈련에 도입할 수 있는 능력을 바탕으로 자사 종업원을 대상으로 하는 교육뿐 아니라 외부인원을 대상으로 평생학습에 대한 통합된 접근방법까지도 제공하고 있다.

HP의 온라인 교육시스템 설계 원칙

- 재미있고 실제적이어야 한다.
- 가치를 지니고 있어야 한다.
- 시기적절하여야 한다. 즉, 언제, 어디서나, 물리적 경계가 없고, 신속하게 활용할 수 있어야 한다.
- 구조적으로 설계되어야 한다.
- 개인의 요구에 쉽게 맞출 수 있어야 한다.
- 상호작용(*Interactive*) 요소가 포함되어야 한다.

이렇게 온라인 교육시스템을 활용한 구성원의 전문성 확보에 힘쓰고 있는 HP는 온라인 교육시스템을 비롯하여 지식경영시스템(KMS: *Knowledge Management System*), 웹인트라넷, 온라인 HR 시스템(*iExpert*, *iClick*, *Blue Book*) 등을 하나의 포털(*Portal*)로 구성하여 구성원들에게 제공하고 있다.

기타 신규도입 프로그램

IMF식 인사평가시스템 구축

재경부는 그동안 통합성과 평가시스템 구축, 보직스카우트제 운영 등 합리적 인사제도 운영을 위해 다양한 노력을 기울인 결과, 성과에 상응한 보상 및 인사관행이 점차 정착되고 있는 추세이다. 이러한 맥락에서 보다 합리적이고 공정한 인사운영을 위해 2007년 현재 운영되는 인사평가시스템 역시 기존에 가지고 있던 문제점들을 개선하여 보다 선진화할 필요성을 느끼게 되었다.

따라서 현재 운영되는 인사평가제도의 문제점을 진단한 결과, 다음과 같은 두 가지 문제점이 거론되었다.

첫째, 근무성적 평가제도가 형식적으로 운영되는 경향이 있어 근무평가 자료를 인사관리의 자료로 활용하기가 어렵다는 문제점이 있었다. 이는 성과목표를 평가자와 면담절차 없이 피평가자가 수립하고, 평가자를 대신하여 주무사무관 등이 확인하는 데에서 기인한다. 즉, 평가자 피평가자 간 면담 및 협의와 같은 엄밀한 업무평가가 미비한 상황에서는 평가자가 피평가자의 평가순위를 결정하는 데 연공서열이 주요한 결정요인으로 작용할 수밖에 없으며, 특히 승진후보자가 아닌 경우에는 평가자와 피평가자 모두 평가순위 및 평가결과에는 관심을 두지 않고 임의대로 평가하는 경향이 있었기 때문이다. 그리고 평가결과에 대한 구체적인 설명이 부족하고 피드백이 이루어지지 않는다는 것 역시 근무성적 평가가 형식적으로 운영된다는 단면을 보여주는 사실이었다.

둘째, 근무성적 평가가 통합성과 평가와 이원화되어 운영되는 문제점이 있었다. 통합성과 평가의 경우 과장이 부하직원의 정책성과 및 혁신성과를 평가하고 있으나 업무난이도 등이 크게 차이가 나는 복수직 서기관, 사무관, 6 · 7급, 기능직을 동일선상에서 비교하고 평가한다는 문제점이 제기되었고, 비록 근무성적 평가는 승진에 영향을 미치고 통합성과 평가는 인센티브 결정에 근거가 된다는 목적의 차이가 있지만 동일한 개인에 대해 동일한 기간을 대상으로 평가를 실시한다는 측면에서 중복평가의 문제와 개인의 평가피로감이 존재한다는 문제가 제기되었다.

이러한 문제점을 개선하고 보다 선진적인 인사평가시스템을 구축하기 위해서 재경부는 합리적 인사운영의 모범사례로 평가되는 IMF의 인사평가시스템을 벤치마킹하여 새로운 인사평가시스템을 구축하기로 결정하였다(〈표 7-5〉 참조).

IMF의 APR을 벤치마킹한 결과, 근무성적 평가의 개선방안을 마련하고 2008년도부터 적용하기로 하였으며 1차 적용대상을 복수직 서기관을 포함한 5급 이하 전 직원으로 하되, 향후 제도정착의 추이를 보아가며 현재 직무성과 계약제와 연봉제를 실시하고 있는 과장급 이상으로 확대해 나갈 예정이다(〈표 7-6〉 참조).

이렇게 IMF식 인사평가시스템의 도입은 단기적으로는 근무평가 방식을 개선하는 데 포커스를 두고 있지만, 장기적으로는 근무평가제도를 통합성과 평가의 정책성과로 대체하고 점차적으로 통합성과 평가 중 정책성과의 비중을 상향조정하면서 근무평가제도와 통합성과 평가를 단계적으로 통합할 계획을 가지고 있다.

〈표 7-5〉 재경부 인사평가제도(~2007)와 IMF APR 비교

구 분	재경부 인사평가제도 (~2007)	IMF APR
성과계획수립	• 제도상 매년 초 평가자와 면담 후 세부이행과제 수립: 실제는 평가단계에서 작성 (면담 생략)	• 연도 말 평가시 평가자와 합의에 따라 차기 업무목표 수립
성과면담	• 제도상, 주기적으로 성과면담 후, 우수한 점 및 미흡한 점 기재: 실제 성과면담 없이 형식적으로 작성	• 연 1회 성과면담 실시 • 업무에 대한 피드백 제공 – 사전 면담시간 설정, 면담 중요사항은 모두 문서화
성과평가요소	• 성과목표별 근무실적평가(60점) – 업무난이도(20점), 완성도(20점), 적시성(20점)을 각 5단계* 평가 * 탁월, 우수, 보통, 미흡, 불량 • 직무수행능력(30점) 및 직무수행태도 평가(10점) – 기획력, 성실성 등을 5단계 평가	• 5개 부분* 14개 역량에 대해 4단계**로 평가 * 전문성, 업무관리, 의사소통, 대인관계, 기타역량 ** 초과달성, 충족, 일부충족, 성과미달
성과평가절차	• 면담후 성과목표 자기기술(연초) → 중간점검 및 성과면담 → 상사의 평가(서명) → 근무성적평가위원회 (상대평가) → 불복시 이의제기	• 기여도 및 목표에 대한 자기기술(연말) → 상사와의 협의 및 상사의 평가(서명) → 차기 목표설정 및 면담사항 기재 → 피평가자 서명 및 소견작성 → 옴부즈맨 (Ombuds-person)에 조정요청 가능
피평가자 서명 및 소견작성	• 평가자 및 피평가자 간 평가결과 확인을 위한 서명 없음	• 평가내용 검토 및 면담 확인에 대한 서명 및 소견을 작성
이의신청 및 평가결과 활용	• 이의발생시 근무성적평가위원회에 제기 • 승진평가에 반영 • 보수 결정과는 무관 • 개인별 피드백 거의 없음	• 이의발생시 옴부즈맨에 조정요청 가능 • 연봉 인상률 반영 • 개인별 피드백을 통한 역량개발에 활용

〈표 7-6〉 재경부 인사평가제도 개선방안(2008~)

평가시기	• 연 2회 실시: 상반기(1월)와 하반기(7월)
주요 평가원칙	• 상하급자 간 상호협의를 통해 '평가자–피평가자' 양자 서명을 근거로 한 근무평가 – 평가기간 내 의무적으로 상하급자 간 대면 협의진행 – 단순척도에 의한 평가방식 지양: 평가항목별 구체적 평가결과를 서술식으로 기술
평가결과 활용	• 개인별 평가결과물 축적 및 DB화 – 승진과 전보 등 인사관리 활용 및 개인별 피드백을 통한 역량개발 지원
기타	• 평가 하위자에 대한 '성과개선계획서' 작성의무화 및 별도의 교육이수를 통한 역량개발 기회 제공 • 평가결과에 대한 이의제기시, 중재/조정이 가능하도록 별도의 분쟁해결기구 마련

근무평가제도와 통합성과 평가를 일원화하는 과정에서 발생할 수 있는 문제점에 대한 대응방안 역시 마련하였는데, 먼저 근무평가 결과가 정책성과 평가를 대체하게 되면, 현재 실시되고 있는 실국에 대한 정책성과 평가 결과의 활용도가 거의 없어지는 결과를 초래할 수 있다는 문제점에 대해 실국평가에 따라 성과 인센티브를 실국별로 차등지급하고 각 실국에서 실국별 구성원들의 최종 통합성과 평가등급에 따라 성과급 역시 차등 지급하도록 원칙을 수립하였다.

그리고 현재 근무평가제도가 연공서열 중심으로 실시된다는 점을 고려했을 때 근무평가 결과를 정책성과로 대체할 경우, 통합성과 평가에서도 역시 연공이 높은 인원이 유리해질 수 있다는 문제점이 있었다. 이에 대해 통합성과 평가의 정책성과 평가등급을 IMF의 APR 사례를 참고하여 경력에 따라 그룹화시켜 평가하는 방안(예: 5년차 이상 사무관과 이하 사무관을 분리)과 함께 그룹간 성과 인센티브 비율도 차등화하여 고참그룹이

상대적으로 불리해질 수 있는 상황을 막을 수 있는 장치를 만들었다 (예: 5년 이하 그룹의 S등급, 5년 초과 그룹 S등급의 80% 수준).

재경부의 새로운 IMF식 인사평가시스템의 도입은 결과적으로 능력과 성과 중심의 평가관행을 정착함으로써 재경부 구성원들의 전문성을 향상시킨다는 데 근본적 취지가 있으므로, 현재의 통합성과 평가와 함께 인사평가 결과와 개인별 보수를 연계하게 된다. 따라서 단기적으로는 실국별로 지급하는 성과 인센티브의 차등폭을 확대하고 실국 내 개인적으로 지급하는 차등폭도 확대하는 등 인사평가 결과를 성과급 차등에 적극 활용하는 방안을 마련하였다. 그리고 중장기적으로 5급 이하의 공무원에 대해서도 보수차등화가 허용되면, 인사평가 결과를 보수결정의 핵심근거로 활용하는 방안을 통해 정부 중앙부처 최초로 성과주의 인사제도를 본격 도입한다는 야심찬 계획을 가지고 있다.

어학능력 향상 지원

재경부는 글로벌 스탠더드에 입각한 정책을 입안하고 시행할 수 있도록 구성원들의 어학 전문성을 강화할 구체적 계획을 마련해서 2008년도부터 어학능력 향상제도를 적극 시행할 예정이다. 이를 위해 기능직을 제외한 4급 이하 전 직원에 대해서 일정수준 이상의 어학능력을 구비하도록 외국어 교육의 일정시간 이수 의무화, 어학관련 학습동아리 운영, 직급별 가이드라인 설정, 운영결과 활용방안 등의 제반사항을 확정한 상태이다. 그리고 개인의 외국어 역량강화에 대한 적극적인 지원의 의미로, 외국어 시험 응시시 1인당 3만 원 이내의 범위에서 연 2회에 걸쳐 시험응시료를 지원할 예정이다. 그리고 중앙인사위원회에서 제시하고 있는 외국어 등급대비표를 활용하여 재경부의 각 직급별 가이드라인 및 해외교육훈련 이수자에 대한 최저 요구등급 역시 확정할 예정이다.

〈표 7-7〉 직급별 및 국외훈련 이수자 어학 최저 요구등급 (예시)

직 급	최저 요구등급
국외훈련 이수자	2 등급
4급 (복수직)	6 등급
5급	8 등급
6급 이하	11 등급

〈표 7-8〉 중앙인사위원회 외국어 등급대비표 (2007년 1월 기준)

구분 / 등급	TOEFL		TOEIC	TEPS	G-TELP (level 2)	FLEX	기준점수
	PBT	CBT					
0	677	300	990	990	100	1,000	만점
1	600	250	875	800	92	800	
2	590	243	850	775	88	775	국제기구 고용/ 휴직
3	580	237	825	750	84	750	
4	570	230	800	725	80	725	
5	560	220	775	700	77	700	외무고시
6	550	213	750	675	73	675	주재관
7	540	207	725	650	69	650	
8	530	197	700	625	65	625	행시, 사시
9	520	190	675	600	62	600	장기 국훈
10	510	180	650	575	58	575	
11	500	173	625	550	54	550	단기 국훈

〈표 7-7〉, 〈표 7-8〉에 제시된 직급별 가이드라인은 영어 또는 당사자가 지정하는 제 2외국어에 대해서 해당직급의 임용 및 승진 후 3년 이내에 달성하는 것을 원칙으로 하되, 직원들의 부담을 감안하여 경과기간 설정 등의 장치를 둘 예정이다.

어학능력 향상방안 및 직급별 가이드라인이 잘 지켜질 수 있도록 세 가지 지원방안을 마련할 계획이다. 첫째, 어학능력 우수자('가' 등급자)에 대해 본인 희망시 국제금융국 등의 국제업무 관련부서(과 단위)에서 근무할 수 있는 기회를 제공하고, 둘째, 직급별 요구기준 미달자에 대해서 별도 교육을 실시하는 동시에 IMF 프로그램 등 해외연수프로그램 대상에서 제외하는 상벌의 개념을 적용하고 셋째, 통합성과 평가시 상시학습 평가항목(5점만점)에 가점(+1점) 형식으로 〈표 7-9〉를 기준으로 반영하는 방안을 검토중이다.

〈표 7-9〉 등급별 상시학습 평가항목 반영 점수

등급	5단계 상승	4단계 상승	3단계 상승	2단계 상승	1단계 상승	직급별 기준등급
점수	1점	0.9점	0.8점	0.7점	0.6점	0.5점

보고서 표준화

재경부의 업무 중 대부분은 국가의 경제정책을 수립하기 위해서 관련 보고서를 기획하고 작성하는 것으로 수행된다. 하지만 기존에는 보고서 작성에 관한 체계적 지침이나 교육 없이 상급자 혹은 선배를 통한 도제식 학습을 통해 개인적으로 습득하는 실정이었다. 따라서 각종 보고서가 표준지침 없이 작성되어 작성자의 개인적 성향에 따라 내용 · 형식 등이 매우 다양해지는 한편, 보고서 목적 · 유형별로 적합한 보고서가 제대로 작성되지 못하는 경우도 있었다.

따라서 재경부는 보고서의 유형을 분류해서 표준화함으로써 보고서 작성의 효율성을 높이고 개인별 보고서 작성능력을 제고하도록 할 방침이다. 2007년 10월, 재경부 업무에 적합한 보고서 종류와 표준양식을 제정하여 보고서 작성과 취합시 일하는 방식을 개선하도록 우선적으로 조치하였으며, 향후 재경부 보고서 표준화 태스크 포스(TF: *Task Force*)를 구성해서 기존에 청와대에서 작성 배포한 '대통령 보고서' 매뉴얼을 재경부 실정에 맞도록 수정 · 개발중이다.

재경부의 보고서 표준화는 보고서가 수요자 입장에서 이해하기 쉽게 작성되어야 한다는 것을 원칙으로 해서 보고를 받는 수요자의 명확한 의사결정 지원과 보고서 자체의 완결성을 위해 전 구성원에게 표준화된 양식을 제공한다는 취지로 개발될 예정이다. 따라서 재경부 보고서 표준화 태스크 포스(TF)는 정책보고서, 참고보고서, 회의보고서 등 총 6개의 보고서 종류와 국회요구자료 답변서, 보도자료 등 6개의 표준양식을 확정할 예정이다. 최종적으로 확정된 보고서 표준화 양식은 2007년 11월중으로 온-나라 시스템에 탑재하여 전 직원이 이 표준화 양식에 맞게 보고서를 작성하도록 추진하는 동시에 온라인 보고를 활성화하여 철저한 기록관리 문화를 정착시키고자 한다.

6 · 7급 직무역량 제고

6 · 7급 직무역량 제고방안은 정책 · 실무역량 배양을 위한 교육을 강화한다는 차원에서 6 · 7급 실무자들의 정책입안 능력 및 외국어 능력을 향상시켜 사무관 승진 이후 업무수행 능력을 제고하기 위한 방안으로 마련되었다.

따라서 6 · 7급 실무자들이 연 10시간 이상의 직무 · 역량강화 교육과 연 15시간 이상의 외국어교육을 필수적으로 이수하도록 하는 것을 명문화할 예정이다. 이 중 직무 · 역량강화 교육은 중앙인사위원회의 사이버교육센터를 공동 활용하되, 대면강의가 필요한 경우 수요조사를 통해 반기별 1~2회 수준으로 부내 별도의 강좌를 개설할 것이다. 아울러 2008년부터 6급에서 5급으로 승진시 중간관리자급에 요구되는 기획력 · 분석력을 검증하기 위해 보고서 작성능력을 평가하는 '능력검증시험제도'를 도입해서 대상자들이 실질적으로 학습할 수 있는 보완장치를 마련할 것이다. 그리고 외국어 교육의 경우 Winglish 등 중앙인사위 교육시스템을 기본적으로 활용하고 에디터실의 협조를 받아 직원들의 어학능력 확충을 위한 학습동아리를 운영하고 지원할 예정이다.

〈표 7-10〉 부내강좌 개설(안)

역량강화 교육	직무교육	특화교육
• 보고서 작성 (필수) • 기획력 개발 • 리더십 • 창의력 개발 • 자료수집 및 분석기법 등	• 예산/회계실무 • 법제실무 • 인사실무 • 민원실무 • 의전실무 등	• 거시경제 • 세제 • 금융 • 국제금융 • 국고 등

제 8 장 :: 신뢰와 인간존중 Trust

정의 및 원칙

신뢰와 인간존중의 정의

조직 내에서는 선후배와 동료, 소속팀과 관련팀, 그리고 주관팀과 협조팀 등 개인을 둘러싼 다양한 형태의 관계가 존재한다. 하지만 조직규모가 커지고 그 안에서의 관계가 복잡해지면서 서로의 역할을 주관적으로만 이해하게 되고 그로 인해 바람직한 상호 협력의 관계가 형성되지 못할 가능성이 높아진다.

재경부를 포함한 대부분의 공공조직은 과거 전통적으로 수직적이고 위계적인 관계가 주를 이루었으나 점차로 수평적이고 대등한 관계를 중시하고 있으며 이를 적극적으로 받아들이고 있다. 이렇게 구성원들간의 상호관계에서 수평적이고 대등한 관계를 중시한다는 것은 과업을 해결하기 위해 개개인의 자율성과 창의성을 존중한다는 것을 의미하고, 이는 재경부의 열린 조직문화 형성을 주도하는 주요한 차원 중 하나이다.

개개인의 자율성과 창의성을 존중하는 상호관계는 상호존중을 바탕으로 시작된다. 그리고 상호존중을 바탕으로 서로 합리적인 커뮤니케이션 수단을 통해 의사소통함으로써 각 개인이 리더십을 발휘할 때 구성원들은 동기부여될 수 있다. 요약하자면 MOFE Way의 핵심가치로서 신뢰와 인간존중은 상대방에 대한 올바른 인식을 바탕으로 한 '상호존중'과 '커뮤니케이션', 그리고 '리더십'을 포함하는 개념으로 설명된다.

신뢰와 인간존중의 키워드: 상호존중, 커뮤니케이션, 리더십

〈그림 8-1〉 신뢰와 인간존중의 키워드

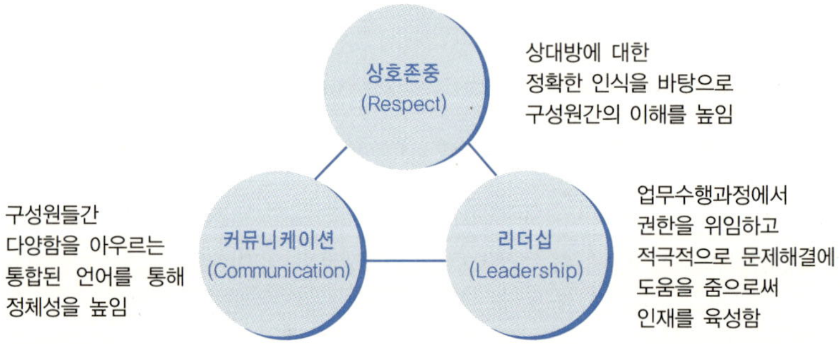

∷ 상호존중 (Respect)

'상호존중'은 상대에 대한 올바른 지각과 인식에서 나오는 것이다. 타인에 대한 이해와 지식이 있어야 그 사람과 원만한 인간관계를 형성하고 유지, 발전시켜 나갈 수 있기 때문이다.

하지만 현실에서는 상대의 전체적인 상보다는 출신지역이나 학교관계 등 1차적 관계를 중심으로 판단하는 경향이 있다. 또한 사람들간 집단을 형성할 때는 누가 자신의 집단에 포함되며 누가 제외되는지, 그리고 어떤 기준에 따라 그러한 결정을 해야 하는지에 대한 인식을 전제로 사람을 지각하려는 경향도 있을 수 있다. 누가 포함되고 제외되는가를 정의한 후에 뒤따르는 직접적 결과 중 하나는 차별대우의 법칙이 적용되기 시작한다는 사실이다. 이러한 편견들이 집단을 형성하는 기준으로 작동하기 시작하면 개개인의 개성과 특성은 뒤로 하고, 인맥과 파벌이 중심이 되는 조직문화가 자리잡기 쉽다.

재경부도 그것이 비록 외부에서 바라보는 스테레오타입(*stereotype*)일 수 있다 하더라도, 오랜 기간 막강한 파워를 가진 정부기관의 중추로서 엘리트들이 모여들었고, 이 과정에서 형성된 선민의식은 개개인의 다양성에 대한 존중보다는 집단적 권익을 보호하기 위한 배타성으로 표출되기도 했다. 그런 점에서 상대방에 대한 올바른 인식과 이를 바탕으로 한 상호존중은 같은 방식으로 행동하지 않는 사람에 대한 이해를 높인다는 점과 상호 다른 해석과 견해에 대한 존중을 통해 구성원간의 이해를 높인다는 측면에서 의미를 갖는다 하겠다.

:: 커뮤니케이션 (Communication)

각 개인이나 단위부서는 동료나 다른 부서의 의견을 조정하기도 하고 조직 외부에 대한 정보나 상황을 경영층에 보고하기도 한다. 특정 조직이 사용하는 기본언어의 내부에는 항상 집단이 필요로 하는 대부분의 중요한 개념적 범주가 내포되어 있다. 공통의 언어와 공통의 개념적 범주들은 어떤 다른 종류의 합의를 이루기 위해 분명 필수적인 것이며, 그것은 다른 조직과 구별하고 그 조직의 구성원들만이 이해할 수 있는 언어를 통하여 스스로의 정체성을 형성하게끔 하는 문화적 요소가 될 수 있다.

현재 재경부에는 재경부에 근무기간과 채용경로가 다른 구성원들이 다양하게 모여 있다. 이런 상황에서 커뮤니케이션은 그 다양함을 소통한다는 측면에서 서로의 생각과 사고방식이 다르다는 것 자체를 인식하고 이해해 주려는 것을 필요로 한다. 보다 중요한 것은 개개인이 각각의 다양성을 넘어 통합적인 하나의 목소리를 낼 수 있어야 한다는 것이다. 따라서 재경부 구성원들은 고품질의 정책을 만들어 국민경제에 기여한다는 분명한 목표에 대해 원활한 커뮤니케이션을 바탕으로 일관된 정책을 생산해야 한다.

:: 리더십 (Leadership)

신뢰와 상호존중이라는 관점에서 보았을 때, 리더는 종전의 권위에 의존하는 리더가 아닌 인재육성형 리더로서 역할을 충실히 해야 한다. 인재육성형 리더의 역할을 수행하기 위해 첫째, 구성원의 역량을 배양하여 그 잠재력을 무한히 신장시켜야 한다는 사명감을 가져야 한다. 둘째, 리더는 구성원들이 어려움을 극복하여 성공할 수 있도록 돕는다는 소명감을 확립하여야 한다. 셋째, 소망을 이루기 위해 성장, 발전하며 창조하고자 하는 동기를 지원하고 실현시켜야 한다는 신념을 가져야 한다. 넷째, 개성을 존중하고 개개인의 강점과 약점에 대한 구체적인 피드백을 통해 자극을 주어야 한다.

이런 점들을 고려할 때 재경부는 상대적으로 조직의 운영이 상당히 분권화되어 있다. 기업에서 최근 들어 강조하는 임파워먼트 측면도 이미 사무관 중심으로 업무를 수행하거나 대부분의 실질적 의사결정이 과장 선에서 이루어짐을 생각한다면 훌륭한 수준이라 하겠다. 하지만 보다 큰 조직력을 발휘하기 위해서는 단순히 일에 대한 권한만을 던져주는 것에 그쳐서는 안 된다. 실질적으로 과업을 추진하고 해결해 나감에 있어 필요한 노하우를 공유하고 장애사항 해결에 대한 고민을 함께 해주는 것과 같은 적극적인 서번트 리더십(*Servant Leadership*)이 재경부에도 요구된다.

신뢰와 인간존중의 행동원칙

〈그림 8-2〉 신뢰와 인간존중의 행동원칙

바람직한 행동 (DOs)

- 주변사람의 의견을 수용해서 의사결정을 수행한다.
- 부족한 주변동료나 부하에게 더 큰 관심을 기울이고 이야기를 나눈다.
- 직위와 직급에 상관없이 동등하게 대우한다.
- 자신과 의견이 다른 동료나 부하들과도 지속적인 커뮤니케이션을 통해 공감대를 형성한다.
- 동료나 부하들이 변화와 혁신에 대한 두려움을 극복할 수 있도록 독려한다.
- 동료나 부하들의 사기를 진작시키기 위해서 다양한 방법을 통해 권한을 위임한다.
- 동료나 부하들의 역량이 극대화할 수 있도록 다양한 동기부여 방법을 구사한다.

Trust

바람직하지 않은 행동 (DONOTs)

- 발생되는 모든 문제를 인간관계로만 해결하려고 한다.
- 학연, 지연, 연공, 출신 등에 의해 업무를 부여하고 의사결정을 수행한다.
- 개인차를 인정하지 않고 경직된 사고와 원칙으로 동료나 부하를 대한다.
- 자신의 성과만을 우선시하며 타인과 조직에 대해서는 무관심하다.
- 업무연락이나 업무협조 요청시 공식적인 문서에만 의존한다.
- 권한위임을 핑계로 나의 할 일을 부하직원에게 넘긴다.
- 사람을 다루기가 어렵다는 선입견으로 동료나 부하직원을 가르치는 것 자체에 대해 부담을 느낀다.

대표적인 제도 및 프로그램

〈그림 8-3〉 신뢰와 인간존중 관련 프로그램

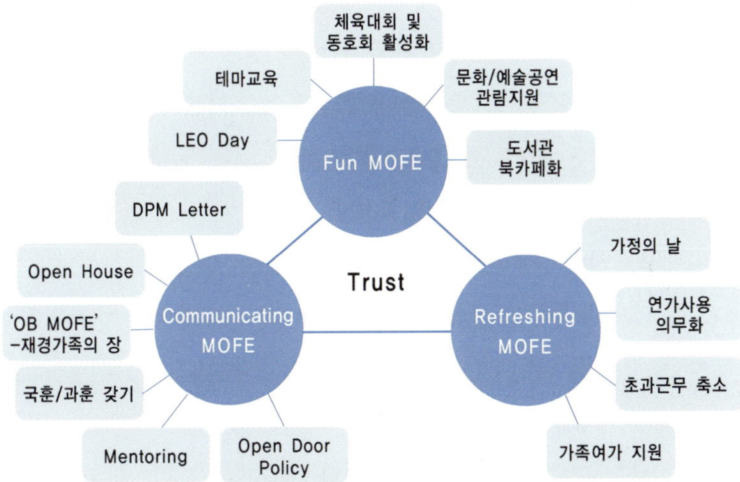

Fun MOFE(즐거운 재경부)

옛말에 "머리 좋은 사람이 열심히 하는 사람 못 따라가고, 열심히 하는 사람이 좋아서 하는 사람 못 따라간다"는 이야기가 있다. 그래서인지 최근 많은 기업들은 비용절감이나 품질개선을 통한 생산성 향상 등에만 치중하지 않고, 직원들이 자부심을 갖고 즐겁게 일할 수 있는 일터를 만들기 위해 조직문화 혁신의 노력을 게을리하지 않고 있다. 이와 같은 움직임은 시장경쟁이 치열해짐에 따라 직장 내 근무강도는 심화된 반면, 근무여건은 더욱 악화되면서부터 시작되었다. 왜냐하면 기업들은 직원들의 사기저하를 막으면서 동시에 지속적인 생산에너지를 확보해야만 했기 때문이다. 이른바 Fun 경영의 시대가 도래한 것이다.

이러한 변화의 바람은 재경부의 경우도 예외가 아니다. 최근 재경부에서는 Fun MOFE, 즉 '즐거운 재경부 만들기'의 모토 아래 다양한 프로그램들을 시행하고 있다. 바로 재경부 구성원들의 창의성, 자율성, 잠재적 역량이 더 잘 발휘될 수 있도록 새롭고 혁신적인 시도를 해나가고 있는 것이다.

:: LEO Day

LEO(*Love Each Other*) Day는, 재경부 전 직원이 한자리에 모여 간단한 다과와 함께 맥주를 마시며 친목과 결속을 도모하고, 부총리를 비롯한 고위직 임원들과 허심탄회하게 대화를 나누며 서로에게 몸소 '신뢰와 인간존중'을 실천하는 장으로 마련되는 행사이다.

두 달에 한 번씩 정기적으로 열리는 이 행사는 지난 2006년 4월에 1차 LEO Day를 실시한 후 8회째 실시되고 있다. 이 행사는 단순한 친목도모에 그치지 않고 우수직원들을 칭찬하고 격려하는 통합성과 관리 시상식이나 각종 문화예술 공연, 내·외부 인사들의 초청강연회 등 다채로운 프로그램과 함께 구성되어 직원들의 큰 호응을 얻고 있다. 아울러 최근에는 내부직원 중심의 문화활동과 단합을 위한 자리마련에서 벗어나 이웃들과 함께 하는 봉사활동의 장으로까지 그 폭을 넓혀가고 있다.

이렇게 LEO Day 행사는 재경부 전 직원들에게 업무의 피로감을 해소하고 단합기회를 제공한다는 기본취지를 바탕으로 늘 새로움을 추구하고 있다. 크로스오버 음악회도 그러한 변화를 위한 시도 중 하나였고, 다양한 초청강연들 역시 문화콘텐츠와 창의성, 스포츠에서 배우는 리더십,

〈그림 8-4〉 연도별 LEO Day 행사실적 및 실시예정 행사

2006년
강연 및 내부 직원 위주 행사

- 팀워크와 프로정신
  (하일성 야구 해설위원)
- 스포츠에서 배우는 리더십
  (김광호 콤비마케팅연구원장)
- 음악과 생활
  (이홍수 한국교원대 교수)
- 문화콘텐츠와 창의성, 내 안의 풍류
  (심상민 성신여대 교수)

2007년
공연 및 불우이웃 초청행사

- 작은 변화가 국가의 운명을 바꾼다 (윤생진 금호아시아 상무)
- "벽을 허물자"
  (크로스오버 음악그룹 '놀이터' 공연)
  과천청사 직원 및 한미 FTA협상단 초청
- 사랑과 나눔의 음악회
  (신효범, 유열 초청공연)
  인근 양로원, 보육원 등 불우이웃 초청
- 해비타트 '사랑의 집짓기' 봉사활동
  (경기도 양주)

2008년
MOFE Way 실천 가능 행사

- MOFE Way의 Core Value와 연계되어 각각의 주제별로 행사 실시 예정
- 프로그램예시
  - 열린조직문화 (Openness) : Open House 행사시 외부초청 인원들과 함께하는 행사 실시
  - Passion for Customer 양로원 방문 등 봉사활동을 중심으로 한 행사 실시 등

음악과 생활 등 평소에 접하지 못했던 참신한 주제로 진행되었다.

평소 재경부 직원들이 과도한 업무로 인해 다양한 경험을 할 수 있는 기회가 부족했던 것이 사실이다. 하지만, 이런 행사를 통해 다양하고 새로운 경험의 기회를 얻음으로써 재경부 직원들이 끊임없는 새로운 자극을 얻고 보다 창의적인 정책을 발의할 수 있도록 하는 데 LEO Day의 근본적 취지가 있는 것이다. 이러한 취지에서 최근의 LEO Day 행사는 강연 및 내부직원 위주의 행사에서 공연 및 불우이웃 초청행사로까지 그 범위를 확대하여 내·외부적으로 더욱 좋은 반응을 얻고 있다. 이렇게 좋은 반응을 얻고 있는 LEO Day는 현재의 만족에 그치지 않고 더욱더 새롭고 참신하면서도 의미 있는 행사가 될 수 있도록 구성원들을 대상으로 적극적인 수요조사를 실시하고 그 의견을 반영할 예정이다.

테마교육 (Theme of the Month)

LEO Day의 성공적인 반응에 힘입어 새롭게 도입된 또 다른 프로그램이 테마교육이다. 테마교육은 재경부 구성원들이 보다 창의적으로 일할 수 있도록 시대의 흐름이나 사회적 트렌드를 읽을 수 있는 역량을 키워주자는 취지에서 실시되고 있다. 테마교육의 주제는 직원들의 니즈를 적극 반영하기 위해 별도의 의견수렴 과정을 거쳐 매월 한 가지씩 문화 · 예술 분야를 중심으로 다양하게 선택되고 있다.

2007년 테마교육 현황

- 5월: 글로벌 시대를 겨냥한 비즈니스 와인 강연
- 6월: 대쥬신을 찾아서(범한국인의 실체를 찾아서)
- 7월: 즐거운 여름휴가를 위한 휴양지 정보
- 9월: 신화 속의 미술, 우리 역사의 비밀
- 10월: 클래식, 아는 만큼 들린다
- 11월: 뮤지컬, 브로드웨이 산책

주제별 테마교육은 업무시간 이후 주 1회씩 총 3~4회로 진행되어 가능한 많은 인원들이 수강할 수 있도록 배려하고 있으며 참여시간에 대해서 상시학습체제의 이수시간으로도 인정해 주고 있다. 테마교육은 직원들에게 큰 호응을 얻고 있으며 업무 스트레스에 지친 직원들에게 또 다른 삶의 활력소가 되고 있다.

∷ 체육대회 및 동호회 활성화

체육대회 및 동호회 활성화는 스포츠 및 취미생활을 매개로 재경부 직원들의 일체감을 조성하고 각 실국별 대항전 등 선의의 경쟁을 통해 구성원들의 소속감과 팀워크를 고취한다는 데 근본적 취지가 있다.

체육대회의 경우 1년에 1회(5월경) 전 직원이 함께하는 체육대회를 개최하여 서로 땀 흘리며 결속을 다지는 시간을 마련하고 있다. 과거에도 비정기적으로 실시되었지만, 향후에는 매년 정례화해서 실시할 예정이며 직원가족은 물론이고 재경부 출신의 전직직원(OB)들도 초청하여 현직직원(YB)와 전직직원(OB) 간 교류의 기회로도 활용하게 될 것이다.

그리고 현재 활발하게 활동하고 있는 축구, 테니스, 농구, 야구, 배구, 등산, 바둑 등의 동호회를 더욱 활성화하기 위하여 매월 마지막주 금요일을 동호회 행사의 날로 지정하여 동호회 활동을 장려하는 한편 활동실적에 따라 지원규모를 차등화할 방침이다.

∷ 문화 · 예술공연 관람 지원

문화 · 예술공연 관람지원 방안은 부내에서 실시하는 테마교육과 달리 밖에서 개인이나 부서가 선호하는 바에 따라 문화 · 예술소양을 증진시킬 수 있는 기회를 제공한다는 취지에서 마련된 프로그램이다. 현재 부서별 자체계획에 따라 연 1~2회 정도의 부서 단체관람에 대해 음악, 미술, 뮤지컬, 연극, 영화 등 다양한 분야의 문화 · 예술공연의 관람료를 지원함으로써 직원들에게 많은 호응을 얻고 있다.

이는 단순히 문화 · 예술소양을 증진시킨다는 목적 이외에 업무추진에 따른 피로감을 해소하고 부서원들이 함께 회사 외부에서 별도의 모임을 가짐으로써 부서원간의 단합을 도모할 수 있고 이를 통해 직원들이 사기가 진작될 수 있다는 특징을 가지고 있다.

Communicating MOFE (소통이 원활한 재경부)

어느 조직이나 내부공감대 없이는 스스로의 잠재력을 이끌어 내기가 어렵다. 조직은 기본적으로 서로 다른 사고를 가진 사람들, 즉 다양성을 가진 각각의 개인들로 구성되어 있기 때문이다. 조직 내 원활한 의사소통은 조직문화에 대한 인식과 이해를 높여주며 구성원들의 적극적인 참여를 이끌어내 서로간에 적극적인 상호작용을 만들어 주는 계기가 된다.

이에 재경부는 구성원간 원활한 의사소통이 가능하도록 다양한 프로그램을 운영중인데, 'Communicating MOFE'(소통이 원활한 재경부)라는 모토 아래 진행되는 이 프로그램들은 궁극적으로는 재경가족으로서 서로를 따뜻하게 배려하는 데 그 목적이 있다.

:: DPM Letter

DPM Letter는 재경부의 수장인 부총리가 재경부 구성원들에게 전하는 메시지를 뜻한다(DPM: 부총리를 의미하는 Deputy Prime Minister의 약자). 즉, 지속적인 혁신의 추진과 직원들의 혁신에 대한 의식제고를 위해 재경부 인트라넷인 e-MOFE에 별도의 DPM 코너를 마련하여 편지형식의 DPM Letter를 게재하고 이를 통해 전 직원을 대상으로 부총리의 혁신추진과 조직운영에 관한 비전을 전파 · 공유하는 것이다.

DPM Letter는 재경부 구성원들이 보다 쉽게 부총리의 메시지를 이해할 수 있다는 장점으로 좋은 호응을 얻고 있으며 향후 MOFE Way를 알리는 주요 커뮤니케이션 수단으로 활용될 것으로 기대하고 있다.

DPM Letter 사례: 성과중심의 재경부 (2007년 3월 23일)

재정경제부 가족 여러분,

오늘 여러분은 지난 1년간 노력하여 거둔 성과에 대한 성적표를 받았습니다.

상 · 하반기를 포괄하는 1년짜리 성적표를 처음 만들어낸 점에서 우리부의 성과관리시스템이 본궤도에 진입했고, 여러분도 성과관리가 착실히 시행되고 있음을 다시 한번 실감하였을 것입니다.

저는 이번 평가결과를 가지고 약속했던 대로 보상을 시행하고자 합니다. 거의 돈벼락이라고 할 만큼의 스톡옵션을 부여하는 민간기업에 비할 바는 아닙니다만, 기존의 상식이나 관행보다는 과감한 보상을 주고 싶다는 게 저의 솔직한 생각입니다.

5급과 6급 최우수자는 특별승진을 실시하고, 4급과 기능직 최우수자에게는 특별승급을 부여하겠습니다. 성과급도 평가결과에 따라 지급하겠습니다. 성과상여금 재원이 지난 해보다 84% 증가했고 차등폭이 더 커졌기 때문에, 우수한 성과를 올린 분들은 상당한 금액을 받게 될 것으로 생각됩니다.

그리고, 지난 1년간 인력을 감축 · 운영하여 남긴 재원도 성과급으로 사용할 것입니다. 이 성과급은 실 · 국별로 지급하되 통합성과 평가결과에 따라 차등 지급할 계획입니다.
국장들께서는 특별한 기여를 하였지만 충분히 보답하지 못한 직원들에게 노력이나 기여의 정도를 감안하여 배분하여 주시기 바랍니다.

(중략)

물론, 지난번에도 지적한 바 있습니다만, 우리의 평가시스템은 여전히 갈 길이 먼 것도 사실입니다.

선진국이나 국제기구의 평가시스템과 견주어 볼 때, 개인의 자기발전을 도모하는 데 상대적으로 소홀한 측면이 있다고 하겠습니다. 선진국 등의 경우, 상사가 부하직원을 냉정하게 분석 · 평가해서 장점이나 약점이 무엇인지 개선해야 할 사항을 종합적으로 기록해서 당사자에게 알려줍니다. 이러한 의견서를 참고하여 개인은 자신의 문제점을 정확히 파악하고 이를 보완하기 위해 교육 · 훈련을 받는 등 개선노력을 하게 되는 것입니다.

저는 우리의 시스템이 구성원을 기계적으로 서열화하는 차원을 넘어, 각 개인에게 평가결과가 의미하는 바가 무엇이고 부족한 사항을 보완하기 위해 어떤 노력이 필요한지가 상세하게 전달되는 구조로 진화되기를 기대합니다.

재경부 가족 여러분,

평가결과가 우수하여 많은 성과급을 받고 승진이나 승급의 기회를 얻은 분들에게는 아낌없는 축하의 말씀을 드립니다. 아울러, 기대에 미치지 못하는 결과를 얻었더라도 이번 평가를 계기로 분발해 주시기 바랍니다. 성과평가가 우수한 분들은 그렇지 못한 분들을 따뜻하게 격려해 주고 모두가 성과를 높일 수 있는 방법을 함께 모색하여, 재경부가 높은 성과로 국민의 신뢰를 받는 부처가 될 수 있도록 최선을 다 해주기 바랍니다.

2007. 3. 23
부총리 겸 재정경제부 장관
권 오 규

∷ 오픈 하우스 (Open House)

오픈 하우스는 문자 그대로 재경부의 문을 열어 놓는다는 뜻이다. 즉, 어린이날, 어버이날에 직원가족 및 재경부 홈페이지를 통해 재경부 방문을 신청한 일반인들을 재경부에 초청하고 특히 신입직원의 부모는 반드시 초청함으로써, 구성원이 다니고 있는 직장을 가족들에게 소개함으로써 자부심을 갖게 하고 재경부 업무에 대한 폭넓은 이해의 장을 마련한다는 데 취지가 있다.

이미 2006년과 2007년의 어린이날에 실시된 오픈 하우스는 국정브리핑과 재경부 홈페이지를 통해 신청자를 접수받아 재경부 직원 및 출입기자 가족, 국정브리핑 초청인원, 재경부 우수 정책고객 자녀를 대상으로 실시되었으며 재경부를 소개하는 동영상 상영과 업무브리핑, 부총리 집무실 · 브리핑룸 · 영상회의실 방문 등의 체험행사와 이벤트 개최를 중심으로 실시되어 많은 호응을 얻었다.

∷ 재경가족의 장: OB MOFE

OB MOFE는 퇴직직원들을 위한 온-오프라인 커뮤니케이션의 장을 뜻한다. 재경부 현직직원과 퇴직직원 간 친목 및 발전기회를 제공함으로써 퇴직직원에 대해 재경가족으로서의 자긍심을 고취시키고, 이를 통해 재경부에 대한 지속적인 관심과 의견제시가 가능하도록 하는 데 그 운영목적이 있다.

이를 위해 온라인상으로 OB MOFE(www.obmefe.or.kr)를 운영하여 직원 인사발령, 경조사 등의 소식을 제공하는 한편 재경인의 밤 행사 개최, 체육대회 · 동호회 등 부내 행사시 OB 인력들을 초청하고 있으며, 향후 OB의 공식모임인 '재경회'와 협의하여 다양한 프로그램을 마련할 예정이다.

Refreshing MOFE (재충전의 기회를 보장하는 재경부)

재경부는 직원들이 가족들과 함께 충분한 휴식을 취할 수 있도록 하며 삶의 질을 높여주고자 'Refreshing MOFE'(재충전의 기회를 보장하는 재경부)라는 주제로 다양한 프로그램을 실시하고 있다.

Refreshing MOFE는 직원들이 불필요한 야근과 초과근무를 하지 않고 가족들과 더 많은 시간을 보낼 수 있도록 유도하고 근무시간 내 집중도를 향상시켜 일의 효율성을 높임으로써 조직 전체의 생산성 향상에 도움이 되도록 하는 데 근본 취지가 있다.

⁚⁚ 가정의 날

재경부는 직원들의 건강과 가정의 행복을 위해 매주 수요일을 가정의 날로 지정하고 적어도 이날만큼은 정시퇴근을 통해 격무에서 지친 심신을 재충전하고 가정에 충실하도록 권장하고 있다.

따라서 매주 수요일, 부내 방송을 통해 퇴근시간을 안내하고 제 1차관이 직접 직원들의 귀가를 독려하고 있으며, 노조지부장이 직접 각 실국을 순회하며 잔류인원을 파악하고 그 점검결과를 공개함으로써 실질적으로 가정의 날 프로그램이 원활하게 운영될 수 있도록 하고 있다.

향후에는 가정의 날인 수요일에 초과근무를 할 경우 미리 부서장에게 허가를 받도록 하되 휴일 초과근무제한 제도와 동일한 콘셉트로 부서별로 초과근무가능 인원수를 제한하는 월별 총량제도 함께 실시할 예정이다.

연가사용 의무화

재경부는 직원들이 불필요한 야근과 초과근무를 하지 않고 가족들과 더 많은 시간을 보낼 수 있도록 연가사용 의무화와 초과근무 축소를 위한 초과근무 총량제를 시행하고 있다. 이 두 제도는 기본적으로 근무시간 내 집중도를 향상시켜 일의 효율성을 높이는 것이 조직 전체의 생산성 향상에 도움이 된다는 것을 전제로 하고 있다.

연가사용 의무화는 직원들이 눈치를 보지 않고 본인에게 부여된 연가일수 범위 내에서 편안하게 휴가를 다녀올 수 있도록 마련된 방안이다. 이 제도가 시행되면서 재경부의 모든 직원들은 매년 초 의무적으로 연간 9일 이상의 연가 사용계획을 제출하고 있으며, 인사부서에서 연가사용 여부를 지속적으로 모니터링함으로써 본인에게 부여된 연가를 자유롭게 사용할 수 있게 되었다. 아울러 제도가 원활하게 운영될 수 있도록 9일 이내의 연가사용자의 경우에는 연가보상비 지급을 제한하고 부서별 소속직원들의 평균 연가일수를 기준으로 통합성과 평가에서 연가사용실적 평가를 별도 실시함으로써 연가를 많이 사용할수록 높은 점수를 받도록 제도화하였다.

〈표 8-1〉 연가사용실적 평가

1점 만점, 소속직원들의 평균 연가일수 기준

연가사용실적	9일 이상	8일 이상	7일 이상	7일 미만
평점	1	0.6	0.4	0

∷ 초과근무 축소

위의 연가사용 의무화와 동일한 취지에서 시작된 초과근무 축소는 처음에는 주말에 직원들이 출근하여 근무하는 것을 지양하도록 하는 '휴일 초과근무 총량제'로 시작되었다.

하지만 이제는 일과중에 모든 업무를 마치도록 하고, 부득이한 경우가 아니라면 주말은 물론이고 평일 저녁에도 초과근무를 방지하도록 '초과근무 축소'라는 이름으로 시행되고 있다. 이로써 기존에 평일기준 하루 4시간까지 인정해주던 초과근무 인정시간을 3시간으로 단축하는 동시에 휴일 초과근무시에는 부서장에게 미리 허가를 받도록 하는 부서장 사전허가제와 월별 초과근무시간을 제한하는 의미의 월별 총량제가 함께 실시되고 있다. 아울러 이 제도 역시 인사부서에서 그 운영실태를 모니터링하고 실적을 통합성과 평가에 반영함으로써 프로그램 시행취지가 훼손되지 않도록 별도의 장치를 마련하고 있다.

〈표 8-2〉 초과근무실적 평가

1점 만점, 소속직원들의 월평균 초과근무시간 기준

초과근무실적	31시간 이하	31~40시간	41~50시간	50시간 초과
평 점	1	0.6	0.4	0

∷ 가족여가 지원

재경부는 직원들이 주말이나 여름휴가시 가족들과 함께할 수 있는 다양한 가족여가 지원 프로그램을 운영 · 지원하고 있는데 그 중 가장 대표적인 것이 주말농장 분양 및 하계휴양지 운영이다. 주말농장 분양의 경우 과천 인근지역에 별도의 농지를 마련해서 직원들에게 분양 · 운영하고 있으며, 하계휴양지는 여름휴가기간에 직원들의 휴양지 이용편의를 도모하기 위해 강원도 지역에 별도의 숙박시설을 임대하는 제도를 운영중이다. 향후에는 정부업무 평가, 혁신평가 등 각종 대회에서 수상한 포상금 중 절반은 해당 실국에서 자율적으로 활용하고, 나머지 50%는 '재경가족 복지기금'을 조성하여 가족여가 지원혜택을 보다 많은 구성원들이 누릴 수 있도록 할 예정이다.

글로벌 기업의 사례

도요타(Toyota)의 비공식 사내단체 프로그램

도요타에는 직제별 그룹, 출신별 그룹, 학교동창 그룹, 고향모임 등 다양한 사내단체가 있다. 일반적으로 우리나라 기업들이 이러한 비공식조직의 결성과 기타 활동을 금하는 것과는 사뭇 대조적인 모습이라고 할 수 있다. 사내 비공식조직 활동은 개개인에게 인간적 유대감을 가지게 해주고 업무상 발생할 수 있는 스트레스 해소를 돕는 등 긍정적 효과가 있기 때문에 도요타에서는 공식적으로 이러한 비공식적 모임의 결성과 활동을 장려하는 것이다. 각각의 비공식 사내단체에는 회장과 임원이 별도로 존재하고, 연차총회를 열기도 하고 단순한 모임만을 가질 수도 있지만 성격에 따라 연구회 등 여러 활동을 함께 수행하는 경우도 있으며, 운영비용은 대부분을 회비로 충당하고 있다.

예를 들어 직제별 단체인 공장의 공장장 모임에서는 결산, 신입회원 연수회, 사무국간담회, 자주교류회, 임시총회 등의 다양한 행사를 직접 주최하는데, 신입회원 연수회 같은 경우 온천에서 하룻밤을 머물고 술도 마시면서 CEO에게 바라는바 기타 건의사항들을 허심탄회하게 이야기한다. 이외에 '호하치회'[豊八會]라는 출신별 그룹도 있는데 출신별 그룹의 최초는 '호요회'[豊養會]라는 도요타 공업학원 출신자들의 모임이다. 그 외에도 고교출신자들의 모임인 호세회(豊生會), 자위대 출신자들의 모임인 호에회(豊榮會), 자동차 정비학교 출신자들의 모임인 세호회(整豊會), 고등전문학교 출신자들의 모임인 호센회(豊泉會) 등 수많은 비공식 조직이 있다. 이러한 모임에서는 앞서 이야기한 대로 신입회원 연수회 같은 행사뿐만 아니라, 서로 마음을 터놓고 회사생활에 대한 고민과 상담을 나누는 여러 비공식적 모임을 가지는 것이다. 노사협의회나 각각의 지부 혹은 직장간담회 같은 것이 회사생활을 위해서 필수적으로 수행하여야만 하는 공식적이고도 수직적 모임이라면, 위의 비공식 사내단체들은 조직구성원들을 수평적으로 엮은 모임이라고 할 수 있다.

인간존중이 강조되고 강제적인 구조조정이 없는 도요타에서조차도 성과주의라는 대세 속에서 종업원들은 종신고용과 연공서열의 붕괴로 인해 과거와 같은 안정된 장래설계를 기대하기는 어려워졌다. 이로 인해 각각의 어려움을 지니고 있는 만큼, 종업원끼리도 이전의 끈끈한 동료애라든지 연대의식을 가지는 것이 어려워지는 것이 현실이다. 따라서 도요타에서는 서로 비슷한 인생경력과 환경을 가진 사람들이 모여 업무와는 별도로 서로 인간적 고민을 나누게 하여 회사생활을 하면서 받는 스트레스를 풀 수 있는 장치를 이 비공식 사내단체를 통해서 마련한 것이다.

비공식 사내단체는 종업원 개개인의 스트레스 해소와 인간적 유대를 엮어주는 역할 이외에도 공식적으로 경영방식 혹은 일하는 방식의 개선을 가져오기도 했는데, 예를 들어 공장장이 사내단체 모임에서 일반사원들과 대화를 나누며 서로의 처지를 이해하면서 서로 허심탄회하게 이야기하는 비공식적 기회는 당연히 회사의 새로운 종업원 정책에서 종업원들의 의사를 반영하는 기회로 작용할 것이다. 이처럼 수직적으로, 그리고 수평적으로 엮여 있는 도요타의 비공식 사내단체는 더욱 끈끈한 도요타를 만드는 역할을 수행하고 있다.

HP의 MBWA와 문호개방정책

아마도 지금은 많은 기업들이 벤치마킹한 배회관리(MBWA: *Management By Wandering Around*)와 문호개방정책(*Open Door Policy*)은 HP의 내부적 열린 조직문화(*Openness*)를 보여주는 대표적 프로그램이라고 할 수 있다. 이 두 가지 모두 HP Way의 핵심프로그램으로 지금까지도 그 전통이 이어지고 있다.

배회관리란 관리자들이 사전계획 없이 일상적으로 항상 구성원들과 친근하게 이야기를 나누고, 구성원 역시 언제든지 관리자를 방문할 수 있는 개방적 의사소통 방법을 의미한다. 관리자 사무실에는 구성원들이 찾아오면 함께 이야기를 나눌 수 있도록 책상과 의자 그리고 칠판이 구비되어 있고, 이것은 개방적이고 비공식적인 의사소통을 강조하는 HP Way의 대표적인 문화적 상징물이다. 그리고 이 배회관리가 제대로 실행되기 위해서 함께 병행되는 것이 문호개방정책(*Open Door Policy*), 즉 사무실이나 연구실의 문을 잠그지 않고 개방하는 것이다. 배회관리와 문호개방정책으로 대표되는 HP의 개방적 분위기는 창의력 발휘의 원천이 되었다는 평가를 받고 있다.

배회관리는 창업주 중 한 명인 팩커드가 졸업 후 잠시 동안 GE에서 일하는 동안 업무환경에서 주변사람들과 커뮤니케이션하는 것이 매우 중요함을 느끼고 HP 창업 이후, 구성원들간 개방적 의사소통을 활성화시키려는 의도에서 시작한 것으로 알려졌다. 그 당시 팩커드는 작업현장에서 빈번하게 생산되는 불량품과 비효율적 방식 등 모든 실패요인의 가장 큰 원인은 작업지시나 각종 커뮤니케이션이 구성원들에게 제대로 전달, 이해되지 않는 데 있다는 것을 알았다. 또한 각 구성원들간에 의사소통이 활성화될수록 업무성과가 높아지는 것을 확인할 수 있었다. 이와 같은 경험이 배회관리와 문호개방정책을 HP Way의 핵심 프로그램으로 자리잡게 만든 것이었다.

HP는 배회관리가 제대로 실행될 수 있도록 관리자의 사무실 문을 항상 열어놓도록 하고 있다. 따라서 사장을 비롯한 모든 임원들의 사무실 문 역시 항상 열려 있다. 그리고 구성원들, 특히 엔지니어들의 기술혁신에 대한 몰입 및 상호교류를 제고하기 위해 값비싼 실험기기와 장치가 설치된 실험실의 문도 항상 열어두는 실험실 개방(*Open lab stock*) 정책도 적용하고 있다. 이와 관련한 재미있는 일화가 있는데, 휴렛이 주말에 공장을 방문했다 실험실 문이 잠겨 있는 것을 보고 즉시 절단기를 가져다가 자물쇠를 잘라버렸다. 그리고는 그 연구실에 메모를 남겨 놓았는데, 거기에는 "이 문을 다시는 잠그지 마십시오. — 빌 휴렛"이라고 적혀 있었다고 한다.

문호개방정책은 물리적이고 상징적인 의미로 문을 열어놓는 것만을 이야기하는 것이 아니라 HP의 어떤 구성원이든 경영진 및 인사담당자에게 어떤 건의 및 이견을 제기하더라도 자신에게 불이익이 없음을 보장한다는 것이다.

따라서 HP에서는 문호개방정책을 위한 관리자와 구성원들이 지켜야 할 것(*Dos*)과 하지 말아야 할 것(*Don'ts*)을 지침화하고 있는데, 구성원들이 보다 건설적 방법으로 조직 내에서 자신의 경력관리, 업무수행상의 문제점 및 해결책, 종업원 및 회사를 위한 아이디어를 비롯하여 자신이 평소에 느끼는 어려운 점을 허심탄회하게 이야기하는 것과, 관리자는 가능한 대안을 보다 명확히 제시하는 데 포커스를 두어야 함을 제시하고 있다.

〈표 8-3〉 HP 관리자를 위한 문호개방정책 지침

DOs	DON'Ts
• 종업원에게 관심을 보이고 애정을 가지고, 주의 깊게 경청하라. 이해하지 못한 사항에 대해서는 확인을 위해 질문하라. • 메모를 해도 좋은지 물어보라. 이슈가 되는 사항이나 내용정리를 위해 리스트화하라. • 종업원들이 당신으로부터 기대하는 것이 무엇인지를 결정하라. • 이성적 · 객관적 태도를 유지하라. 방어적 자세는 피하라. • 만약 당신이 그 종업원을 도와줄 수 없다면 도움을 줄 수 있는 다른 사람을 추천하고 필요하다면 그 사람과의 약속을 해줄 것을 제안하라.	• 절대 비밀유지를 위반하지 말라. • 동의하지 않는 것에 대해서는 동의하지 말라. 늘 공정해야만 한다. • 문호개방정책을 사용했다고 해서 종업원을 처벌하지 말라. • 종업원이 더 높은 관리자에게 가서 자신의 문제를 얘기할 수 없다고 느끼게 만들지 말라. • 종업원이 당신과 면담을 신청한 이후에는 그 종업원의 상사를 부르지 말라. • 당신이 확실한 정보를 얻게 될 때까지 결정하거나 판단을 미루지 말라.

〈표 8-4〉 HP 종업원을 위한 문호개방정책 지침

DOs	DON'Ts
• 이 문제가 스스로가 직접 해결할 수 있는 것인지 자문해 보라. • 모든 사건과 이야기에는 적어도 두 가지 면이 공존한다는 것을 기억하라. • 가능한 한 위계와 명령체계를 따르라 (가능하면 당신의 직속상사와 시작하라). 당신의 직속상사는 아마도 여러분이 생각하는 바에 대해 함께 이야기할 수 있는 기회에 대해 기쁘게 받아들일 것이다. • 여러분의 관심사 또는 문제를 사실적이고 특정적인 이슈를 중심으로 이야기하라.	• 가능하면 현재 화가 나 있는 사람에게는 이야기하지 말라. • 스스로의 화와 좌절이 진정될 때까지 기다리지 말라. • 개인적 불평은 하지 말라. 대신에 가능한 한 사실과 결과를 중심으로 이야기하라. • 여러분의 아이디어 또는 생각과 일이 실시되기에 너무 늦어지지 않도록 미루지 말라. • 여러분의 관심사를 해결해 줄 수 있는 사람과 논의하기 전에 동료의 지원을 얻기 위해 돌아다니지 말라. • 추가적 조사 없이 해결책을 미리 예상하지 말라.

기타 신규도입 프로그램

Fun MOFE (즐거운 재경부)

:: 도서관 북카페(Book Cafe)화

도서관의 북카페화는 현재의 재경부 도서관을 리노베이션하여 그 공간을 직원들의 휴식과 자녀교육 등 다양한 목적으로 활용하는 데 그 목적이 있다. 딱딱한 도서관 이미지를 벗기 위해 도서관에 열람테이블, 소파 및 그림 등을 배치하고, 조명과 공기청정기를 추가하는 등 북카페식 최신식 인테리어를 마련하고 정책관련 도서뿐 아니라 자기개발 및 자녀교육 등을 위한 최신의 시청각 자료를 구비하게 될 것이다. 아울러 도서관에 새롭게 비치되는 서적은 가능한 직원들의 자발적인 기증을 통해서 마련할 예정이다.

Communicating MOFE (소통이 원활한 재경부)

:: 국훈 · 과훈 갖기

재경부에서는 각 국 · 과별로 국훈과 과훈을 설정함으로서 MOFE Way의 비전, 핵심가치에 대한 조직구성원의 이해와 관심을 높일 수 있는 계기를 마련하는 동시에 조직의 비전과 개인의 비전을 일치시키는 효과를 기대하고 있다.

2008년 상반기에는 각 실국별로 국훈을 선포하도록 별도의 이벤트를 마련할 예정이며, 하반기중에 실국 내에서 자율적으로 과훈을 선포하도록 할 방침이다.

멘토링

'멘토링'(*Mentoring*)은 사람과 사람 간 지식을 공유하고 서로의 조력을 통해서 협력문화를 만들어나갈 수 있다는 점에서 효과적인 프로그램이다. 최근 멘토링은 조직의 문화적 성공을 위해 긍정적 대화채널로 사용할 수 있다는 점에서 여러 조직에서 실시하고 있으며, 특히 조직에 첫발을 내딛는 신입구성원들에게 무엇보다 우선적으로 실시될 수 있다는 점에서 매우 훌륭한 조직전략으로 인식된다.

이런 시사점을 바탕으로 재경부 역시 신규직원의 조직생활에 대한 조기정착을 지원하고 기존직원들에게 선배로서의 역할을 부여하여 세대간 조화를 도모한다는 취지에서 멘토링을 실시할 예정이다. 멘토링이 효과적으로 실시될 수 있도록 먼저 기존에 실시되는 신규직원 교육프로그램의 운영실태를 점검하고 멘토에 대한 별도교육 실시 및 역할에 대한 운영매뉴얼을 제공하며, 신입직원에 대해 각 실국 주무과장 중심으로 멘토를 연결하고, 우수 멘토역할 수행자에 대해서는 별도의 인센티브를 부여하는 방안 역시 검토중이다. 또한 인트라넷에 e-Mentoring 시스템을 구축하여 신입 구성원에게 e-MOFE 개요, 온-나라 시스템, 자료관리시스템, 통합정보공개시스템, e-사람, 부내 PC 및 네트워크 등의 정보화 시스템 교육을 우선적으로 실시하고 추후에는 전문적인 업무교육 콘텐츠로 확대해 나갈 것이다.

:: 문호개방정책

재경부에서는 HP의 문호개방정책을 벤치마킹하여 '열린 문, 열린 마음'이라는 캐치프레이즈 아래 각 실·국장급의 사무실 문을 상시 개방토록 유도하는 프로그램을 2007년 말부터 실시할 예정이다.

재경부의 문호개방정책은 열린 조직문화를 지향하는 MOFE Way의 특성을 반영하여 간부진의 투명성과 개방성을 상징적으로 표현하는 동시에 이를 통해 조직생활에서의 의사소통을 원활하게 한다는 목적이 있다. 게다가 원활한 의사소통은 기타 다른 프로그램들의 효과를 배가시키는 특징이 있기 때문에 이 문호개방정책은 재경부의 열린 조직문화를 표현하는 상징적 프로그램이라고 할 수 있다.

직접적으로 문호개방정책의 실행주체가 되는 국장급 이상의 간부진에게 자발적 참여가 프로그램 성공의 핵심요인이라는 것을 홍보하는 한편, 사무실과 비서실 사이의 문을 없애거나 투명한 유리문으로 교체하는 등의 부차적 방안도 함께 고민중이다.

제 3 부

MOFE Way를 통한 재정경제부의 **성공적 비상**

제 9 장

MOFE Way 정착을 위한 준비 및 지속적 관리

MOFE Way 정착을 위한 준비

MOFE Way 정립은 하루아침에 이루어진 이벤트라기보다 준비된 노력의 결과이다. MOFE Way 정립을 위해 재경부의 역사에서부터 그간의 혁신 및 조직문화 활동에 대해 정리하고, 재경부 내 혁신 학습동아리 구성원들과 HP, GE, POSCO 등 국내외 조직문화 우수기업 담당자를 초청하여 설명회를 개최하고 벤치마킹하는 과정을 거쳤다. 또 혁신인사기획관실을 중심으로 전·현직 혁신담당자, 외부 전문가와의 워크숍 및 직급별 핵심그룹 인터뷰(*Focus Group Interview*), e-MOFE상의 온라인 토론방, 서베이를 통해 구성원들의 다양한 의견을 수렴하고 검증하는 과정을 거침으로써 MOFE Way의 이론적·내용적 타당성을 제고하기 위한 노력을 기울였다.

그러나 이러한 MOFE Way의 정립 못지않게 정립된 MOFE Way의 성공적인 정착을 위한 준비가 필요하다. 정립된 MOFE Way의 성공적인 정착을 위해서는 부총리 이하 최고 간부진의 솔선수범이 요구된다. 간부진의 강력한 의지와 실천이 수반되지 않는 MOFE Way는 실패할 수밖에 없다. 간부진은 핵심가치를 가슴 깊이 새기고 실천하는 핵심가치의 전도사(*Change Agent*)로서 리더십을 발휘해야 할 것이다. 핵심가치를 공유하고 내재화하려는 노력은 사람의 변화를 수반하는 만큼 단기간에 가시적 성과를 만들어 내기가 어렵다. 그렇기 때문에 간부진의 일관되고 강력한 실천의지의 표명과 노력이 필요하다.

간부진의 솔선수범과 더불어 핵심가치를 구성원들에게 충분히 전달하고 내재화하기 위한 다양한 커뮤니케이션 활동의 전개도 반드시 요구되는 활동이다. 구성원들로 하여금 MOFE Way에 대한 중요성을 충분히 전파하여 관심을 갖도록 유도하여야 한다. 모든 구성원들이 충분히 이해하고 수용할 수 있도록 다양한 홍보활동을 통해 효과적이고 지속적으로 전달하여야 한다. 그리고 일상활동 속에서 자연스럽게 조직문화를 전파하고 이를 통해 MOFE Way에 친숙해질 수 있도록 교육을 실시하고 토론의 장을 마련하는 등 다양한 방법을 병행하여야 할 것이다.

MOFE Way 정착을 위한 지속적 관리

아무리 조직문화의 방향이 잘 정립되고 제도나 프로그램 등 다양한 실천 방안들을 마련했다 하더라도 지속적인 실행력을 확보하지 못한다면 진정한 조직문화의 변화는 기대하기 어렵다. 조직문화 구축에 대한 전 구성원들의 적극적인 동참을 유도하고 조직 내에 뿌리내리기 위해서는 조직문화 활동에 대한 체계적이고 끊임없는 관리가 필요하다.

미국의 대형 IT 유통업체인 시어스(Sears)의 경우에는, 회사가 먼저 구성원을 배려하고 대우해 줄 때 구성원들도 고객에 보다 나은 서비스를 제공하게 되며 그 결과로 성과도 좋아진다는 경영철학을 갖고 있다. 이러한 경영철학을 실천하는 차원에서 1984년부터 매년 SFA(*Survey-Feedback-Action*)라는 설문을 실시하여 구성원들이 가지고 있는 조직에 대한 인식을 파악하고 개선하는 데 활용하고 있다. 회사의 전반적인 전략에서부터 업무수행방식, 리더십, 커뮤니케이션, 평가 · 보상제도 등 32개 영역에 걸쳐 약 17일간 구성원들의 의견을 수렴하는데, 참여율이 98%에 이른다고 한다. 이러한 지속적인 관리는 궁극적으로 시어스(Sears)가 지향하는 조직문화를 만드는 데 상당한 기여를 하고 있다.

이렇듯 조직문화 활동을 지속적으로 관리하기 위해 재경부는 지향하는 조직문화의 방향을 종합적으로 반영한 조직문화 지수(MOFE Way Index)를 활용하는 등의 방안을 강구할 필요가 있다.

이는 구성원들이 느끼는 조직 전반에 대한 인식과 태도를 평가함으로써 전반적인 조직특성 및 이미지를 파악하는 방식으로 구성원 의식조사(*Employee Opinion Survey*)의 형태로 진행된다. 이때 전체적인 조직분위기와 함께 조직문화에 영향을 미치는 세부요소들에 대한 인식도 함께 살펴봐야 한다. 전반적인 조직분위기만 파악할 경우, 자칫 의례적으로 행해지는 설문조사 수준으로 전락할 수 있으며, 조직운영상 문제가 있거나 개선해야 할 부분에 대한 구체적인 내용들을 파악하기 어려울 수 있기 때문이다. 또 그룹인터뷰와 같은 정성적 조사를 병행함으로써 설문조사와 같은 정량적 조사를 통해 확인되지 않는 부분에 대해 확인하고 이를 개선해 나가는 방안을 동시에 진행하는 것이 바람직하다. 그룹인터뷰는 외부 전문가를 활용하여 객관적 관점을 견지할 수 있어야 한다.

〈그림 9-1〉 The MOFE Way Index 구성체계

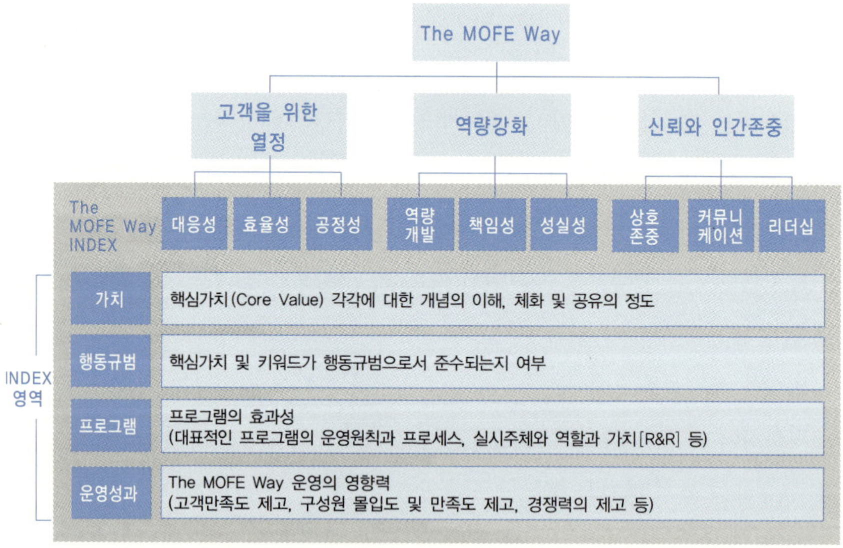

제 10 장 정부기관의 역할모델로서의 재정경제부

앨빈 토플러(Alvin Toffler)가 그의 저서 《부의 미래》(*Revolutionary Wealth*)에서 "기업은 자동차로 치면 시속 100마일, NGO는 90마일의 속도로 변화하는 반면, 정부의 변화속도는 25마일로 소리만 요란하다"고 재미있게 비유한 것처럼 정부의 변화는 민간의 그것을 따라가지 못하는 실정이다. 특히 조직문화는 이런 현상이 더욱 심하다. 민간부문에서는 조직문화를 단순히 조직내부의 기저에 흐르는 문화로 이해하는 수준을 넘어 하나의 경영자원으로써 기업의 성과나 경쟁력에 영향을 미치는 요소로, 더 나아가 기업의 생존을 좌우하는 핵심요인으로 인식하여 관리한다. 그러나 정부기관에서의 조직문화에 대한 논의는 아직 걸음마 단계이다.

그런 상황에서 이제 재경부는 MOFE Way의 기치를 내걸고 재경부 고유의 생산적인 조직문화로의 긴 여정의 출발을 천명하였다. 이에 재경부의 역할에 대해 한 번 생각해 볼 필요가 있다.

먼저 재경부는 내부적으로 성공스토리를 만들어야 한다. 즉, 새로이 정립한 MOFE Way를 반드시 성공적으로 내재화시켜야 한다. IMF식의 상호협의를 원칙으로 하는 인사평가제도의 개선, 통합성과 관리시스템의 강화, 다양한 정책고객과의 열린 소통을 통한 고객지향형 조직문화 구축을 통해 성과주의를 독려하여야 한다. 더불어 지치지 않고 지속적으로 성과를 창출할 수 있도록 사람 중심의 조직문화가 재경부의 기본으로 자리 잡아야 할 것이다. 이러한 과정을 통해 재경부 조직문화의 성공스토리를 완성하여야 한다. 그 과정에서 결코 조급해하거나 쉽게 단념하고 포기해서는 안 된다. 문화의 내재화는 문서를 주고받음으로써 이루어지는 것이 아니라 구성원의 몸과 마음이 함께해야만 가능한 것임을 명심하고 체계적 노력을 지속적으로 실천하여야 할 것이다.

내부적 성공스토리를 만드는 것만으로 그 역할을 다했다고 할 수 없다. 재경부는 행정부를 선도하는 기관으로서 MOFE Way를 통해 재경부라는 좁은 울타리에서 벗어나 정부 전체의 경쟁력을 높일 수 있도록 기여하여야 한다. MOFE Way의 성공스토리를 정부 전체에 전파하고 확산시켜야 한다. 현재 재경부가 추진하고 있는 인사평가제도 개선이나 통합성과 평가제도 성공을 통해 재경부는 민간부문과 같은 경쟁력을 확보하게 될 것이고, 이를 공직사회 전체의 새로운 전환기를 맞이하는 계기로 삼아야 할 것이다.

MOFE Way를 정부 전체에 전파한다고 해서 모든 정부기관에서 성공적으로 조직문화를 정립한다고는 할 수 없다. 보고 듣고 따라하는 것만으로는 한계가 있다. 때로는 구체적이고 직접적인 지원이 필요할 경우가 있을 것이다. 재경부가 그 역할을 수행하여야 한다. 필요하다면 직접 찾아가서 문제를 해결해 주는 현장 중심의 정부 조직문화 컨설팅을 해야 한다. 그래서 민간기업과는 다른 정부기관의 조직문화를 정부 전체 차원에서 효과적으로 관리할 수 있도록 재경부가 그 핵심역할을 맡아야 할 것이다.

이제 재경부는 그동안 부정적으로 각인되었던 '모피아'(Mofia)의 이미지를 깨고 새롭게 탈바꿈하려 하고 있다. MOFE Way는 스스로 이미지를 바꾸겠다는 재경부의 의지이다. 이미지 개선뿐만 아니라 재경부가 국내외 정책환경의 변화에 직면하여 고품질 경제정책을 수립하기 위한 일하는 방식의 선진화를 포함한다. 그러나 문화의 변화는 몇 년, 어쩌면 몇십 년이 걸릴지도 모르는 일이다. 그렇지만 우리나라를 한 세대 만에 세계최빈국으로부터 세계 11위의 경제강국으로 발전시키는 대역사를 이루는 데 핵심적 역할을 한 재정경제부의 저력을 다시 한번 발휘한다면 또 하나의 역사를 창조할 수 있을 것이다.

The MOFE Way Index

The MOFE Way Index

Passion for Customer Index

영역	문항
가치	• 핵심가치로서 "고객을 위한 열정"(Passion for Customer)의 의미를 정확하게 이해하고 있으며, 재경부내에 충분히 공유되고 내재화되어 있다.
행동규범	• 재경부는 정책고객의 요구에 신속하게 대응하고 최우선적으로 처리한다. • 재경부는 모든 업무에서 보다 효율적이고 혁신적인 방안을 찾기 위해 항상 노력한다. • 재경부는 항상 공익을 우선시하며 어느 한 쪽으로 치우치지 않도록 업무를 수행한다.
프로그램	• '찾아가는 정책대화', '고객만족도 조사' 등 외부 정책고객에 대한 직접적인 고객응대 프로그램은 운영원칙(Principle)과 프로세스가 명확하다. • '찾아가는 정책대화', '고객만족도 조사' 등 외부 정책고객에 대한 직접적인 고객응대 프로그램은 실시주체 및 역할과 책임(R&R: Role and Responsibility)이 명확하다. • '회의제 운영 선진화', "Knowledge Atlas' 등 업무효율성 제고를 통한 간접적인 고객응대 프로그램은 운영원칙과 프로세스가 명확하다. • '회의제 운영 선진화', 'Knowledge Atlas' 등 업무효율성 제고를 통한 간접적인 고객응대 프로그램은 실시주체 및 역할과 책임이 명확하다.
운영성과	• "고객을 위한 열정"이라는 가치와 이를 실현하기 위한 프로그램을 추진함으로써 정책고객의 만족도가 증진되었다.

Excellence Index

영 역	문 항
가치	• 핵심가치로써 "역량강화"(Excellence)의 의미를 정확하게 이해하고 있으며, 재경부 내에 충분히 공유되고 내재화되어 있다.
행동규범	• 재경부에서는 전문적인 성장을 위한 교육과 경력개발 등의 기회가 충분히 보장된다. • 재경부는 모든 업무에서 규정과 절차를 엄수하며 자율적으로 책임을 진다. • 투명하고 일관성 있게 업무를 처리하고 각자 맡은 임무는 끝까지 완수한다.
프로그램	• '통합성과 평가', '인사평가' 등 평가시스템은 운영원칙 과 프로세스가 명확하다. • '통합성과 평가', '인사평가' 등 평가시스템은 실시주체 및 역할과 책임이 명확하다. • '어학능력 향상 지원', '교육/연수 강화' 등 역량개발 프로그램은 운영원칙과 프로세스가 명확하다. • '어학능력 향상 지원', '교육/연수 강화' 등 역량개발 프로그램은 실시주체 및 역할과 책임이 명확하다.
운영성과	• "역량강화"라는 가치와 이를 실현하기 위한 프로그램을 추진함으로써 재경부 직원들의 경쟁력이 향상되었다.

Trust Index

영 역	문 항
가치	• 핵심가치로써 "신뢰와 인간존중"(Trust)의 의미를 정확하게 이해하고 있으며, 재경부내에 충분히 공유되고 내재화되어 있다.
행동규범	• 재경부는 서로 관심을 가지고 배려하며, 서로를 하나의 인격체로 존중해 준다. • 재경부는 다양성에 대해 이해하고 인정하며, 이러한 바탕 위에 자유롭게 의사소통할 수 있다. • 재경부의 리더들은 권한을 위임하고 부하직원의 성장을 적극적으로 지원한다.
프로그램	• 'Leo Day', '테마교육' 등 Fun MOFE (즐거운 재경부) 프로그램은 운영원칙과 프로세스가 명확하다. • 'Leo Day', '테마교육' 등 Fun MOFE (즐거운 재경부) 프로그램은 실시주체 및 역할과 책임이 명확하다. • 'DPM Letter', '문호개방정책' 등 재경부내 의사소통활성화 프로그램(Communicating MOFE)은 운영원칙과 프로세스가 명확하다. • 'DPM Letter', '문호개방정책' 등 재경부내 의사소통활성화 프로그램은 실시주체 및 역할과 책임이 명확하다. • '가정의 날', '연가사용 의무화' 등 재경부 내 재충전(Refreshing) 프로그램은 운영원칙과 프로세스가 명확하다. • '가정의 날', '연가사용 의무화' 등 재경부 내 재충전 프로그램은 실시주체 및 역할과 책임이 명확하다.
운영성과	• "신뢰와 인간존중"이라는 가치와 이를 실현하기 위한 프로그램을 추진함으로써 재경부 직원들의 만족도와 몰입도가 증진되었다.

참고문헌

*국내 문헌

강만수(2005), 《현장에서 본 한국경제 30년》, 삼성경제연구소.

강홍렬(2006), 《메가트렌드 코리아》, 한길사.

고현철 · 강우란(2004), "기업 핵심가치의 재발견", 〈CEO Information〉, 삼성경제연구소.

권성욱(2006), 《도요타의 인사 · 노무관리》, 자동차산업연구원.

김광억(2003), 《처음 만나는 문화 인류학》, 일조각.

김동일(2005), "한국 경제발전과 경제기획원의 역할 1961~1971: 신제도주의 경제학적 접근", 한국외국어대학교 대학원 석사학위논문.

김성렬(2006), "OECD의 정부혁신 논의 동향", 〈KDI경제정보센터〉, 17(1)

김용조 · 이강복 (2006), 《위기이후 한국경제의 이해》, 새미.

김은환(2001), "GE 웰치 회장의 성공경영과 시사점", 〈CEO Information〉, 321, 삼성경제연구소.

김정렴(2006), 《최빈국에서 선진국 문턱까지: 한국 경제정책 30년사》, 랜덤하우스중앙.

김준보(2000), 《글로벌 스탠더드의 행정》, 한국행정연구원.

김호정(2004), "행정조직과 기업조직의 조직문화 비교", 〈한국행정학보〉, 38(3).
김홍기(1999), 《영욕의 한국경제》, 매일경제신문사.
나중식(1999), "한국 중앙재정기구 변천의 역사적 분석", 〈한국행정논집〉, 11(3).
박민생(2000), 《한국의 기업문화개발》, 무역경영사.
박상철(2005), "한국 공무원의 전문성에 관한 연구", 경기대학교 대학원 박사학위논문.
반병길(2006), "조직문화와 생산성의 관계", 경상대학교 대학원 박사학위논문.
손민애(2004), "도요타의 인간중심 경영과 한국기업에의 시사점에 관한 연구", 동아대학교 대학원 석사학위논문.
손희두(1997), "열린정부로 가는 길", 〈한세정책〉, 97(3).
신길순(2005), "한국기업의 윤리경영 실천현황 및 발전방향에 관한 연구", 단국대학교 석사학위논문.
신유근(2007), 《KRP 경영론》, 다산출판사.
신재명(1994), "현대행정의 책임성에 관한 이론분석적 연구", 단국대학교 대학원 박사학위 논문.
신태균(2006), "기업의 핵심가치 전개가 경영성과에 미치는 영향: GE, Toyota, Samsung 사례를 중심으로", 경희대학교 대학원 박사학위논문.
심재우(2006), 《GE의 핵심인재는 어떻게 단련되는가》, Smart Business.
양참삼(2000), "열린사회와 세계시민의식", 〈현상과 인식〉, 봄/여름.
유재권(2005), "도요타의 기업문화", 〈기술사〉, 38(4).
유재원(2005), 《세계화와 개방정책(평가와 과제)》, 대외경제정책연구원(KIEP).
이기을(1990), 《민족문화와 한국적 경영학》, 법문사.
이근영(2002), 《한국경제의 성장과 발전》, 다산출판사.
이만희(1992), "한국의 산업정책에서의 경제기획원의 역할", 연세대학교 대학원 박사학위논문.
임원혁(2002), 《세계화 시대의 기업경영과 정책》, 한국개발연구원(KDI).
이학종(1996), "휴렛트 팩카드 사의 경영이념과 HP Way문화", 〈연세경영연구〉, 33(2).
이학종(1997), 《기업문화론》, 법문사.

이환범 · 김태영 · 이수창(2005), "행정책무성에 대한 조직문화 유형별 영향요인 분석", 〈행정논총〉, 43(3).
장동걸(2007), "행정조직문화와 공무원 혁신행동의 관계에 관한 실증적 연구: 6개 중앙행정부서 공무원의 인식을 중심으로", 한국외국어대학교 대학원 박사학위논문.
장성근(2006), "GE 이멜트의 경영방식과 시사점", 〈LG주간경제〉, 21(8).
장철영(2005), "전자정부 행정서비스의 고객지향성 평가", 영남대학교 대학원 박사학위 논문.
전상인(2007), 《한국 2030》, 에코리브르
조상봉(2005), 《정부의 역할, 그 새로운 도전》, 한국경제연구원.
진창호(1995), "한국경제발전과정에 있어서 경제기획원의 위상변화에 대한 연구", 중앙대학교 대학원 박사학위논문.
최태희(2003), "도요타 방식(Toyota-Way)의 인재양성", 〈유통저널〉, 178.
최호진(2004), "한국 공무원 지식공유행위의 영향요인에 관한 실증연구", 명지대 대학원 박사학위논문
하석구(2006), "HP 성장의 원동력 HP way", 〈경영계〉, 335.
한상복 · 이문웅(1991), 《문화인류학 개론》, 서울대학교 출판부.
홍성만 · 염재호 · 최홍석(2007), "한국 중앙재정기구의 형성과 변화과정", 〈정부학연구〉, 13(2)
홍영대(2005), "GE의 핵심인재관리", 〈임금연구〉, 봄.

경제기획원 편(1994), 《경제기획원 30년사》, 미래사.
삼성경제연구소 편(1999), 《GE는 왜 강한가?》, 삼성경제연구소.
재정경제부 조직진단 보고서(2005), 〈BAH〉.
재정경제부 편(2002), 《무한한 잠재력 약속된 미래: IMF 5년의 성과와 과제》, 재정경제부.
재정경제부 편(2002), 《힘모아 위기극복 뜻모아 경제도약: 국민의 정부 4년 경제정책의 발자취》, 재정경제부.
재정경제부 편(2005), 《사고뭉치들이 세상을 바꾼다: 2005 재경부 혁신 우수사례

모음집》, 재정경제부.
OECD 각료이사회 및 포럼결과 보고서(2007), 외교통상부.
OECD 정부혁신 정책브리핑(2005), "공공부문의 현대화: 열린정부(Open Government)", OECD정부혁신아시아센터.

*국외 문헌

Barney, J. B.(1986), "Organizational Culture", *Academy of Management Review*, 11(3).
Burger, P. & Luckman, T.(1966), *The Social Construction of Reality*, Anchor Books.
Collins, J. & Porras, J.(1994), *Built to Last*, Harper Business
Deal, T. E. & Kennedy, A. A.(1982), *Corporate Culture: The Rites and Rituals of Corporate Life*, John Wiley & Sons.
Duncan, W. J.(1989), "Organizational Culture: 'Getting a Fix' on an Elusive Concept", *Academy of Management Executive*, 3(3).
Hofstede, G.(1980), *Cultures Consequences: International Differences in Work Related Values*, Sage.
Hofstede, G.(1998), "Attitudes, Values and Organizational Culture: Disentangling the Concepts", *Organization Studies*, 19(3).
Ouchi, W.(1981), *Theory Z*, Addison-Wesley.
Packard, D.(1995), *The HP Way: How Bill Hewlett And I Built Our Company*, Harper Business.
Pascal, R. T. & Athos, A. G.(1981), *The Art of Japanese Management*, Penguin Books.
Peters, T. J. & Waterman, R. H.(1982), *In Search of Excellence*, Harper and Row.
Quinn, R. E. & McGrath, M. R.(1985), "The Transformation of Organizational Culture: A Competing Values Perspectives", in P.J. Frost et al., *Organizational Culture*, Sage.

Sathe, V.(1985), *Culture and Related Corporate Realities*, Richard D. Irwin, Inc.

Schein, E. H.(1983), "The Role of the Founder in Creating Organizational Culture", *Organizational Dynamics*, 12(1).

Schein, E. H.(1985), *Organizational Culture and Leadership*, Jossey-Bass.

Schwartz, P.(2004), *The Art of the Long View*, GBN

Slater, R.(1997), *The New GE: How Jack Welch Revived an American Institution*, Richard D. Irwin, Inc.

______(2004), *The GE Way Fieldbook*, McGrawHill.

Tylor, E. B.(1871), *Primitive Culture*, Brentano's.

______(1958), *The Origin of Culture*, Harper and Row.

片山修(2003), 《トヨタはいかにして「最强の社員」をつくったか》, 박경애 옮김, 《최강인재경영》, 무한.

若松義人・近藤哲夫(2003), 《トヨタ式人間力: ものの見方・考え方と仕事の進め方》, 고정아 옮김, 《도요타 人間經營: 위기를 기회로 바꾸는 도요타 휴먼 스토리》, 일송미디어.

若松義人(2007), *One line that makes you understand* "Toyota style", 우성주 옮김, 《현장에서 바로 실천하는 도요타웨이》, 새로운 제안.